FICHES BREVET

Histoire Géographie

Éducation civique

TROISIÈME

Monique Redouté
Professeur d'Histoire-Géographie

Florence Holstein
Professeur agrégée d'Histoire-Géographie
lycée Richelieu, Rueil-Malmaison

Hatier

SOMMAIRE

Cochez les fiches révisées.

HISTOIRE

GÉOGRAPHIE

Habiter la France

Aménagement et développement du territoire français

La France et l'Union européenne

Le rôle mondial de la France et de l'Union européenne

ÉDUCATION CIVIQUE

Édition : Aude Marot et Charlotte Monnier • Conception maquette : Anne Gallet
Mise en page : Lasergraphie • Cartographie : Philippe Valentin

© HATIER PARIS 2012 – ISBN 978-2-218-96238-7

1

LES INNOVATIONS SCIENTIFIQUES ET TECHNOLOGIQUES DU XXᵉ SIÈCLE

Quelles découvertes et quelles innovations ont transformé la vie des hommes au XXᵉ siècle ?

1 La médecine

A Des avancées fondamentales

- En biologie, le microscope électronique (1930) permet d'identifier des maladies virales (hépatites, sida).
- En biochimie, l'insuline en 1921 et la cortisone en 1946 sont découvertes. Les hormones de la reproduction, mieux connues, permettent d'agir sur la fécondité.
- En génétique, la découverte de l'ADN en 1953 et l'inventaire du génome humain en 2001 ouvrent la voie au dépistage de maladies héréditaires et aux thérapies géniques.

B Des moyens préventifs et curatifs accrus

- De nouveaux vaccins font reculer la tuberculose (1921) et la poliomyélite (1956). La pénicilline (1928) et les antibiotiques constituent une arme contre les infections bactériennes.
- La radiologie, le scanner, l'échographie permettent d'affiner les diagnostics.
- La chirurgie, avec les progrès de l'anesthésie, entreprend des greffes du rein (1958) et du cœur (1967).

C Une société en meilleure santé

- La population française dispose de soins de qualité et peu coûteux depuis la création de la Sécurité sociale en 1945.
- L'espérance de vie a augmenté de 25 ans depuis 1930 pour atteindre, en 2011, 84 ans pour les femmes et 78 ans pour les hommes, entraînant un vieillissement de la population.

2 Les grandes innovations

A L'espace et le nucléaire

- La conquête de l'espace permet la mise sur orbite de satellites d'observations et de télécommunications.
- Dès 1950, le nucléaire se développe. Se posent déjà les problèmes des déchets radioactifs et de la sécurité des centrales.

B L'électronique et la révolution informatique

- Les découvertes du transistor (1947) et des circuits intégrés (1958) donnent naissance à la télévision (années 1950).
- À partir de 1971, les micro-processeurs contribuent à la réalisation des micro-ordinateurs de plus en plus rapides et puissants qui effectuent des calculs complexes et traitent logiquement des quantités d'informations. L'ordinateur, outil révolutionnaire, ne seconde pas l'homme dans des tâches physiques mais l'assiste dans des activités intellectuelles.
- Adopté par les entreprises, il transforme le travail de bureau, la gestion, les systèmes de production. Il s'impose dans les foyers, surtout dans le domaine des loisirs.

3 Les transformations des sociétés

A Une société de la communication

- Avec les technologies de l'information et de la communication (TIC), le réseau (Internet) permet le partage des connaissances et l'accès à des banques de données.
- Avec des appareils mobiles, les internautes reçoivent et échangent des flux de textes, d'images, de sons. Ainsi se développe une culture de masse qui n'est plus seulement relayée par les médias traditionnels.
- La transmission des informations et des capitaux en temps réel bouleverse totalement le commerce et la finance.

B Une société qui maîtrise l'espace planétaire

- Les moyens de transport sont plus rapides (TGV) et plus sûrs. Avec des capacités accrues (superpétroliers, porte-conteneurs), le transport des marchandises est plus économique.
- L'automobile équipe les foyers des pays industrialisés.

C Une société urbanisée

La révolution des transports développe l'urbanisation. À la fin du XXe siècle, dans les pays industrialisés, le taux d'urbanisation atteint 75 % et la périurbanisation fait naître des agglomérations très étendues. Cette croissance urbaine est encore plus rapide dans les pays en développement.

► Les innovations au XXe siècle entraînent une véritable révolution des modes de vie. Jamais l'humanité n'avait connu une mutation aussi profonde ni aussi rapide.

2

LES MUTATIONS DES SYSTÈMES DE PRODUCTION ET DE LA STRUCTURE DES ENTREPRISES

Au XXe siècle, quels changements interviennent dans le secteur industriel ?

1 L'exemple du constructeur automobile Peugeot

A De l'entreprise artisanale à l'entreprise industrielle

- Née à la fin du XIXe siècle, l'entreprise familiale Peugeot fabrique des outils et des cycles dont la qualité fait la réputation de la marque.
- En 1891, Armand Peugeot construit la première automobile. Cette activité connaît un succès rapide et produit 10 000 voitures en 1914. Peugeot adopte le travail à la chaîne en 1924 et devient le deuxième constructeur automobile français en 1939.

B L'expansion de la société

- En 1965 naît PSA, Peugeot Société Anonyme, qui regroupe financièrement toutes les activités de la société. Afin de partager le coût élevé de la recherche de véhicules plus sûrs et plus performants, Peugeot s'associe avec Renault (1966), Fiat, Toyota et Mitsubishi.
- Après le rachat de la société Citroën en 1976, le groupe PSA Peugeot-Citroën devient le premier constructeur français. Depuis 1985, le groupe étend ses activités en Europe, en Chine et en Amérique latine.

2 Les nouveaux systèmes de production

A La rationalisation du travail

- Le taylorisme ou Organisation scientifique du travail (OST) est une méthode de travail qui fractionne les tâches de l'ouvrier en quelques gestes simples et rapides.
- La combinaison de l'OST et de la standardisation conduit au travail à la chaîne. Celui-ci permet d'accroître la productivité du travail individuel, de réaliser des économies d'échelle et de réduire les coûts de production. Il est adopté aux États-Unis par Ford en 1913 et se généralise en Europe après 1945.

B Production et consommation de masse

- La production est massive et peu variée. La publicité uniformise les goûts et, avec le crédit, encourage la consommation.
- Conçu par Henry Ford, le fordisme tente de faire coïncider production et consommation en vendant des voitures peu chères tout en augmentant le salaire des ouvriers.

C Automatisation et robotisation

Lorsque la division du travail est assez développée, certaines tâches sont exécutées par des machines automatiques. Avec la révolution de l'informatique à la fin du XXe siècle, des robots programmés remplacent les ouvriers dans les tâches répétitives.

3 La structure des entreprises

A La concentration des entreprises

- Avant le début du XXe siècle, nombre de sociétés se concentrent par absorption des plus petites ou par fusions.
- Pour accroître leur capital dans le but d'investir, ces sociétés font appel au crédit des banques et émettent des actions, devenant ainsi des sociétés anonymes.

B L'adaptation au marché mondial

- Après 1945, l'économie se mondialise. Face à la concurrence, les entreprises innovent dans des produits de qualité et des machines plus productives. La recherche-développement réclame des investissements importants et le mouvement de concentration des entreprises s'accélère.
- Certaines entreprises délocalisent leurs activités hors de leurs frontières. Ces firmes multinationales (FMN) recherchent de l'énergie, des matières premières et une main-d'œuvre à bas coût ainsi que de nouveaux clients pour leurs produits.

C Le rôle de la finance

La concentration des entreprises exige des investissements massifs des groupes bancaires qui contrôlent les entreprises au point que le capitalisme industriel est peu à peu dominé par le capitalisme financier. La spéculation (monétaire, boursière ou immobilière) déstabilise l'économie mondiale (1987, 2000, 2008).

Les mutations intervenues dans les systèmes de production et la structure des entreprises sont à la fois causes et conséquences de la croissance économique et de ses aléas.

L'ÉVOLUTION DE LA STRUCTURE DE LA POPULATION ACTIVE

Quelles sont les conséquences des mutations de l'économie sur la population active ?

1 L'évolution des secteurs d'activité

A Le déclin du secteur primaire

La mécanisation de l'agriculture réduit le nombre des salariés agricoles et celui des exploitants. Les petites exploitations, incapables de s'équiper, sont absorbées par les plus grandes. Ce secteur chute de 42 % des actifs en 1914 à 4 % en 2000.

B L'essor et le déclin du secteur secondaire

• Avec la forte industrialisation, la part des travailleurs de l'industrie atteint 40 % des actifs en 1970 (36 % en 1950).

• À partir de 1974, la croissance ralentie, les délocalisations et la concurrence mondiale entraînent une désindustrialisation et le recul du secteur secondaire (22 % en 2000), accru encore par les gains de productivité.

C L'expansion du secteur tertiaire

• Avec la hausse du niveau de vie et l'extension d'une civilisation des loisirs, la demande de services est croissante (commerces, banques, transports, santé, loisirs, tourisme).

• Les entreprises recourent de plus en plus à des sociétés de services pour les études de marché, la publicité, la gestion. En 2000, 74 % des actifs travaillent dans le secteur tertiaire, ce qui reflète une économie post-industrielle et tertiarisée.

2 La nouvelle structure de la population active

A Le travail des femmes

• La part des femmes dans la population active est croissante : 46 % en 2000 contre 35 % il y a 50 ans. Nombre d'entre elles travaillent par nécessité financière. L'expansion du travail féminin est aussi une conséquence (et une cause) de la diminution de la taille des familles.

• Les femmes sont majoritaires dans les métiers du secteur tertiaire. À compétences égales, leurs salaires sont en moyenne inférieurs de 20 % à ceux des hommes.

B De plus en plus de salariés

83 % des actifs sont des salariés (63 % en 1954). Si la part des ouvriers est réduite avec la désindustrialisation, celle des classes moyennes (cadres, ingénieurs, employés) progresse.

C Le chômage

• La dépression économique de 1974 crée un chômage chronique et croissant (4 % des actifs en 1974 et 9,1 % en 2000). Il touche des travailleurs non qualifiés, des jeunes sans expérience, des femmes, des seniors, des immigrés.

• En période de récession économique, le chômage, le travail en intérim ou à temps partiel répandent la précarité.

3 L'immigration

A Des flux européens aux flux mondiaux

• Entre les deux guerres mondiales, des Européens (Belges, Espagnols, Italiens, Portugais) viennent pourvoir les besoins de la France en main-d'œuvre. Leur intégration s'effectue en une ou deux générations.

• Après 1945 , avec les « Trente Glorieuses », l'Office national de l'immigration (ONI) organise la venue de travailleurs africains (Maghreb, Afrique noire francophone). Sans formation professionnelle, ils travaillent dans l'industrie, le bâtiment ou le secteur tertiaire banal.

B Une immigration restreinte

• En 1974, avec la crise économique, l'immigration est officiellement arrêtée. En diminution, les flux d'immigrants sont constitués des proches des immigrés, au titre du regroupement familial, des ressortissants de l'Union européenne et des réfugiés politiques.

• Aujourd'hui, la population étrangère représente 11 % de la population totale. Avec la montée du chômage, l'immigration est limitée et choisie en fonction des besoins de main-d'œuvre. L'immigration est restreinte également en raison de la question à la fois politique, sociale et humaine de l'intégration parfois difficile des immigrés.

▶ Les mutations de l'économie ont transformé à la fois les structures de la population active et la composition de la population du pays.

BILAN EXPRESS
UN SIÈCLE DE TRANSFORMATIONS…

Vocabulaire

- L'**ADN** ou acide désoxyribonucléique est l'élément constitutif des gènes. Il porte et transmet l'information génétique.

- La **thérapie génique** tente de soigner une maladie héréditaire en modifiant le gène responsable de cette maladie.

- Une **action** est une part de capital d'une entreprise constituée en société anonyme. À la bourse, la cote des actions varie en fonction, d'une part, de la prospérité de l'entreprise et, d'autre part, de l'offre et de la demande.

- La **standardisation** est la réduction du nombre d'objets fabriqués à quelques types afin de les produire en série.

- Le **travail à la chaîne** est une forme de travail fractionné en tâches simples, identiques, à cadence rapide, effectuées par des ouvriers spécialisés (OS) qui interviennent sur des objets acheminés devant eux par des machines-transferts.

- La **productivité** est le rapport entre une production obtenue et la quantité de travail nécessaire pour l'obtenir.

- **La concentration des entreprises** est le regroupement d'entreprises. On distingue :
  – **la concentration verticale** d'entreprises qui ont des activités complémentaires (de la fourniture de produits bruts en amont, à l'industrie qui les transforme et aux réseaux de distribution qui commercialisent le produit fini en aval) ;
  – et la **concentration horizontale** d'entreprises qui ont une activité similaire et qui, par leur taille, veulent s'imposer sur le marché d'un produit, voire le monopoliser.

- Une **firme multinationale** ou **FMN** est une entreprise qui a un centre de direction unique et des filiales dispersées dans plusieurs États.

Découvertes et innovations au XXe siècle

	Biologie et médecine	Atome	Aéronautique et espace	Électronique et informatique
1921–1930	1921 : l'insuline ; le vaccin contre la tuberculose 1928 : la pénicilline		1927 : traversée de l'Atlantique par Charles Lindbergh (traversée de la Manche, en 1909, par Louis Blériot)	1930 : le microscope électronique
1931-1940		1934 : la radioactivité artificielle par Frédéric et Irène Joliot-Curie		1938 : 1er ordinateur électronique
1941-1950	1946 : la cortisone (hormone)	1945 : 1res bombes atomiques (Hiroshima et Nagasaki)	1944 : l'avion à réaction 1947 : l'avion supersonique	1947 : le transistor
1951-1960	1953 : l'ADN 1956 : le vaccin contre la poliomyélite 1958 : 1re greffe du rein 1960 : le 1er contraceptif oral	1954 : 1re centrale nucléaire 1954 : 1er sous-marin à propulsion nucléaire	1957 : 1er satellite artificiel soviétique (spoutnik)	1953 : la télévision couleur 1958 : 1ers circuits intégrés
1961-1970	1967 : 1re greffe du cœur		1961 : 1er homme dans l'espace (Y. Gagarine) 1965 : 1er satellite 1969 : les 1ers hommes sur la Lune (N. Amstrong et E. Aldrin)	
1971-1980	1978 : 1er « bébé-éprouvette » 1979 : l'échographie	1973 : surgénérateur « Phénix »	1971 : 1re station orbitale 1979 : la fusée Ariane	1971 : le microprocesseur 1972 : création d'Internet 1974 : 1er micro-ordinateur
1981-1990	1983 : le virus du sida		1981 : 1re navette spatiale	1982 : le compact disc (CD) 1983 : le téléphone portable

LA PREMIÈRE GUERRE MONDIALE : UNE GUERRE TOTALE

En quoi la Première Guerre mondiale est-elle un événement capital à l'aube du XXe siècle ?

1 Les grandes phases de la guerre

A 1914 : la guerre de mouvement

En août 1914, les Empires centraux (Allemagne, Autriche-Hongrie) et l'Entente (France, Royaume-Uni, Russie) s'affrontent. L'avance rapide des Allemands au nord de la France est stoppée à la bataille de la Marne (septembre 1914).

B 1915, 1916, 1917 : la guerre de position

- En 1915, le front se stabilise selon un dispositif défensif : les armées se font face dans les tranchées. Les forces sont équilibrées et les opérations pour percer le front sont vaines et meurtrières. Chaque camp cherche de nouveaux alliés : l'Empire ottoman rallie les Empires centraux, et l'Italie, neutre jusqu'alors, rejoint l'Entente. La dispersion des fronts ne permet pas de rompre l'équilibre : les Russes sont défaits à Tannenberg (1914) et l'Entente échoue aux Dardanelles (1915).
- En 1916, les états-majors lancent « la guerre d'usure », tactique destinée à « saigner » l'armée adverse pour la forcer à capituler. Cette violence de masse entraîne la mort d'un million de soldats dans chaque camp : à Verdun, où les Français, avec le général Pétain, tiennent bon et sur la Somme, où l'armée allemande résiste difficilement.
- En 1917, les alliés sont battus au Chemin des Dames et à Caporetto. Les populations sont épuisées. Des mutineries et des grèves éclatent, hypothéquant la poursuite de la guerre.
- En 1917, la guerre sous-marine à outrance lancée par l'Allemagne entrave dangereusement la liberté des mers. Les États-Unis lui déclarent la guerre le 6 avril 1917.
- La Russie, après deux révolutions, signe un armistice avec l'Allemagne.

C 1918 : la reprise de la guerre de mouvement

- L'équilibre des forces est rompu. L'Allemagne n'a plus qu'un front à défendre. Elle lance trois offensives pour tenter

de l'emporter avant l'arrivée massive des Américains. Appuyé par ceux-ci, le général Foch remporte la seconde bataille de la Marne (juillet 1918) et force l'armée allemande à reculer.
- Vaincue, l'Allemagne signe l'armistice à Rethondes le 11 novembre 1918.

2 La guerre omniprésente

A La mobilisation de toutes les ressources humaines

- Pour accroître les effectifs des armées, des réservistes sont rappelés et des soldats recrutés dans les empires coloniaux.
- À l'avant, les soldats, armés de fusils, de mitrailleuses et de grenades, font preuve d'héroïsme et de ténacité. Dans les tranchées, les « poilus » supportent courageusement le froid, la pluie, la boue, le fracas des armes, l'absence d'hygiène, la faim et l'attente angoissante de la mort omniprésente.
- À l'arrière, travaillant dix heures par jour, les femmes remplacent les hommes dans tous les secteurs d'activités. Elles supportent stoïquement la pénurie, l'épuisement et les deuils.

B Une économie de guerre

- Le système capitaliste et libéral est suspendu. Les États contrôlent l'économie, mise au service de la guerre.
- Rapidement, les impôts ne suffisent plus. Les États multiplient les emprunts et les émissions de billets : c'est l'inflation.
- Destinés en priorité à l'armée, les matières premières et les produits agricoles sont réquisitionnés. Le rationnement des civils est établi pour limiter les effets de la pénurie.
- Les États favorisent le développement des industries de guerre qui produisent massivement de nouvelles armes : des avions et des chars.

C La démocratie et les libertés suspendues

- En raison de la guerre, des gouvernements forts sont mis en place dans la plupart des États.
- Afin d'éviter le défaitisme, la presse est censurée. La propagande exalte les victoires, tait ou minimise les échecs. C'est le « bourrage de crâne ».

Par son extension mondiale, par sa durée, par son intensité et par la mobilisation entière de tous, la Première Guerre mondiale est une guerre totale.

LES CONSÉQUENCES DE LA PREMIÈRE GUERRE MONDIALE

Quels profonds bouleversements la Première Guerre mondiale a-t-elle entraînés ?

1 Un monde déstabilisé

A Le bilan humain

- Les pertes humaines sont considérables : 8 millions d'hommes sont morts. Les jeunes générations sont décimées et la population tend à vieillir.
- Illustrée par la tactique de la « guerre d'usure » à Verdun et dans la Somme en 1916, la violence de masse marque ce conflit. Elle frappe aussi des populations civiles : en 1915, dans l'Empire ottoman, l'armée turque massacre 1,5 million d'Arméniens. C'est le premier génocide du XXe siècle.

B L'évolution des mentalités

- De nombreux anciens combattants veulent que cette guerre soit la « der des ders » et militent pour le pacifisme.
- Les femmes réclament plus de libertés et plus de droits.

C Le bilan économique

- L'Europe est dévastée par les combats.
- Les monnaies sont très dépréciées par l'inflation et l'endettement. L'Europe a perdu sa prépondérance économique au profit des États-Unis.

2 Une nouvelle carte politique de l'Europe

A Le règlement du conflit

- Les vainqueurs veulent établir une paix juste et durable et érigent en principe le droit des peuples à l'autodétermination, réclamé par les minorités nationales. Pour maintenir la paix, une organisation internationale est créée : la Société des Nations.
- Jugée responsable de la guerre, l'Allemagne doit signer le traité de Versailles, le 28 juin 1919. Elle est contrainte à payer de lourdes réparations, elle est désarmée et la Rhénanie est démilitarisée. La France recouvre l'Alsace et la Lorraine.

B De nouvelles frontières en Europe

- Les empires autoritaires et multinationaux ont disparu.
- De nouveaux États sont créés : la Pologne, la Tchécoslovaquie, la Hongrie, l'Autriche ainsi que la Finlande, l'Estonie, la Lettonie et la Lituanie qui se séparent de la Russie. Les nouvelles frontières ne délimitent pas partout des États nations.

3 Révolutions et agitation sociale

A Les révolutions russes

- En 1917, la Russie a perdu 2 millions d'hommes. En février, la population de Petrograd manifeste contre la pénurie, puis contre Nicolas II et la guerre tandis que des grèves éclatent. La troupe se mutine et arme les insurgés qui s'emparent de la capitale. Le 2 mars, Nicolas II abdique.
- Un double pouvoir se met en place : le Soviet, élu par les ouvriers et les soldats, et le gouvernement provisoire issu de l'assemblée élue en 1912. Ce dernier poursuit la guerre.
- Avec Lénine, le parti bolchevique prépare une insurrection. Il reprend les aspirations populaires : le pain, la terre, la paix. Les Gardes rouges, recrutés par Trotski, se rendent maîtres de Petrograd le 25 octobre. Le gouvernement provisoire se rend. Les bolcheviks ont été les acteurs de cette seconde révolution.
- Lénine préside le nouveau gouvernement bolchevique. Il promulgue les décrets sur la paix, la terre, les entreprises industrielles et l'autodétermination des minorités nationales. En décembre 1917, il signe à Brest-Litovsk un armistice avec l'Allemagne, puis la paix en mars 1918.

B La contagion révolutionnaire

- À l'exemple de la Russie, en 1919, des mouvements d'extrême gauche, en Allemagne (les Spartakistes) et en Hongrie, tentent une révolution qui échoue, tandis qu'en France, au Royaume-Uni et en Italie, éclatent des grèves très dures.
- En 1919, afin de préparer la révolution mondiale, Lénine fonde la IIIe Internationale communiste (le Komintern), suscitant une vive inquiétude dans les pays démocratiques.

► Affaiblie, l'Europe sort profondément transformée de ce conflit qui infléchit toute l'histoire du XXe siècle.

DE LA RUSSIE À L'URSS : LA CRÉATION D'UN ÉTAT TOTALITAIRE

Comment la Russie bolchevique de Lénine devient-elle l'État totalitaire stalinien ?

1 La défense du pouvoir des bolcheviks

A La guerre civile et le communisme de guerre (1918-1921)

- En janvier 1918, les bolcheviks dissolvent l'Assemblée constituante par un coup de force. Une guerre civile les oppose alors aux Blancs (contre-révolutionnaires), appuyés par les Alliés qui craignent la contagion révolutionnaire.
- En 1918, le parti bolchevique prend le nom de parti communiste et devient parti unique. La police politique élimine les opposants. Avec le communisme de guerre, l'État contrôle toute l'économie.
- L'Armée rouge recrutée par Trotski l'emporte sur les Blancs en 1921. Le pays est ruiné et la famine sévit.

B La NEP et la naissance de l'URSS

- Avec la Nouvelle politique économique (NEP), Lénine libéralise partiellement l'économie qui retrouve en 1928 le niveau de 1913.
- En 1922, la Russie bolchevique prend le nom d'Union des Républiques socialistes soviétiques. L'URSS est un État fédéral formé de républiques, dirigées par des partis communistes locaux étroitement liés au parti communiste russe.

C La succession de Lénine

À la mort de Lénine en 1924, Staline et Trotski s'opposent. Staline se présente comme l'héritier de Lénine. Trotski est exclu du parti communiste, puis chassé d'URSS en 1929.

2 La construction d'une économie socialiste

Le parti communiste vise à établir une société sans classes : pour cela, l'État s'approprie les biens de production et gère l'économie.

A Nationalisation et collectivisation

- Les industries sont nationalisées.
- Les paysans doivent mettre en commun leurs terres et travailler dans de vastes exploitations collectives (les kolkhozes).

- Les paysans résistent. Staline décide la dékoulakisation ou élimination des koulaks (paysans riches). Des millions de koulaks ainsi que des paysans insoumis sont exécutés ou déportés dans des camps de travaux forcés, dirigés par le Goulag.
- En 1932, le pays est frappé par la famine.

B Planification et industrialisation

- Selon des objectifs fixés par le gouvernement, le Gosplan établit des Plans quinquennaux. La population doit obligatoirement les exécuter, par la contrainte ou par l'émulation.
- Pour équiper le pays, l'industrie lourde est privilégiée.

C Bilan

En 1940, l'URSS est la 3e puissance industrielle mondiale. Si l'industrie lourde a beaucoup progressé, l'agriculture, les biens de consommation, le logement sont des secteurs faibles.

3 Un État totalitaire

A Le système totalitaire

À la tête du parti communiste, Staline impose une dictature et exige de la population une soumission totale. S'appuyant sur une bureaucratie toute puissante, l'État contrôle tous les domaines : politique, économique, culturel.

B Une population embrigadée

- Les Soviétiques sont endoctrinés par l'enseignement et par des loisirs encadrés. La censure les réduit au silence.
- Diffusée par les médias et les artistes, la propagande exalte la supériorité du régime et développe le culte de la personnalité de Staline, célébré comme un dieu.

C La terreur

- La population est surveillée par la police politique qui applique la terreur de masse par des arrestations, des déportations, des exécutions. Les victimes se comptent par millions.
- Dans les camps du Goulag, les déportés travaillent à la réalisation du Plan, dans des conditions de vie inhumaines.
- Avec les procès de Moscou (1936-1939), Staline déclenche la « grande terreur ». Des « purges » éliminent des groupes d'adversaires réels ou supposés de Staline.

Avec une extrême brutalité, le régime totalitaire stalinien exerce sur la population une emprise totale.

LE RÉGIME TOTALITAIRE NAZI

Comment l'Allemagne est-elle devenue un État totalitaire raciste et antisémite ?

1 Les principaux thèmes de l'idéologie nazie

Le Parti nazi, fondé et dirigé par Hitler, applique les théories qu'il a exposées dans *Mein Kampf*. Il est doté de milices armées : les SA (sections d'assaut) et les SS (brigades de protection).

A Le racisme et l'antisémitisme

- Selon les nazis, il existe une hiérarchie des races : la race aryenne, supérieure, est incarnée par le peuple allemand qui doit disposer d'un « espace vital » conquis sur les peuples dits inférieurs, les Slaves.
- Le peuple allemand doit préserver « sa pureté » et éliminer les races dites « corrompues » juive et tzigane. L'antisémitisme (la haine des Juifs) est un pivot du nazisme.

B Le nationalisme

- La « Grande Allemagne » doit rassembler tous les peuples allemands et effacer l'humiliation du traité de Versailles.
- Hitler, le Führer, incarne la nation et dirige le peuple.

2 La nazification de l'Allemagne

A La démocratie confisquée

- Hitler est légalement nommé chancelier le 30 janvier 1933.
- Il obtient du Président Hindenburg la dissolution du Reichstag dont le bâtiment est incendié. Le parti communiste, accusé de ce crime, est interdit et les libertés fondamentales sont supprimées.
- Au Reichstag, élus en mars 1933, les nazis n'ont pas la majorité absolue. Hitler obtient, cependant, les pleins pouvoirs.

B La dictature du parti nazi

- Partis politiques et syndicats sont interdits. Le parti nazi devient parti unique dans un État centralisé, qu'il administre.
- Le parti nazi lui-même est épuré avec l'assassinat des chefs SA, le 30 juin 1934 (Nuit des longs couteaux).
- À la mort d'Hidenburg (1934), Hitler devient Reichsführer avec les pouvoirs de chef d'État et de chef de gouvernement.

3 Un État totalitaire raciste et antisémite

A L'endoctrinement de la population

- Les livres d'auteurs juifs ou marxistes sont interdits et brûlés en public (autodafés).
- Avec Goebbels, ministre de la Propagande, les médias conditionnent les esprits et détruisent tout sens critique.
- L'enseignement est contrôlé et la jeunesse est embrigadée dans les « Jeunesses hitlériennes ».

B Un régime de terreur de masse

- La Gestapo, police politique dirigée par Himmler, use des méthodes les plus brutales : tortures, assassinats, déportations.
- En 1939, dans les camps de concentration créés dès 1933, sont internés un million de juifs et d'opposants politiques.

C La politique raciale et antisémite

- Afin de protéger la pureté de la race aryenne, des personnes handicapées sont stérilisées ou tuées.
- Les lois antisémites de Nuremberg (1935) interdisent aux Juifs toute union avec des Aryens, les privent de leur citoyenneté et les évincent de certaines professions.
- En 1941, les Juifs doivent porter l'étoile jaune et sont exclus des lieux publics. Les persécutions, les assassinats (la Nuit de cristal, 1938) et les déportations se multiplient.
- Début 1942, à la conférence de Wannsee, les nazis décident la « Solution finale », c'est-à-dire l'extermination des Juifs.

4 Une politique de coups de force

A Le réarmement et les annexions

- Pour réaliser la Grande Allemagne, en violation du traité de Versailles, Hitler réarme et remilitarise la Rhénanie (1936).
- Il annexe l'Autriche et la région des Sudètes (1938). Les démocraties occidentales, attachées à la paix, réagissent peu.

B La marche à la guerre

- Dans la perspective d'une guerre, l'Allemagne signe avec l'URSS un pacte de non-agression, le 23 août 1939.
- Hitler revendique Dantzig et envahit la Pologne (01/09/1939).

▶ Hitler applique ses théories raciales et précipite l'Allemagne dans la guerre. Il étend ensuite la « barbarie nazie ».

LA SECONDE GUERRE MONDIALE (1939-1945)

Quelles sont les phases et les caractéristiques de la Seconde Guerre mondiale ?

1 Les victoires de l'Axe (1939-1942)

A La guerre éclair

• D'avril à juin 1940, le Danemark, la Norvège, la Belgique, les Pays-Bas et la France sont envahis et occupés par l'Allemagne qui applique la tactique de la guerre éclair : des bombardements intensifs suivis de l'occupation du terrain par les blindés. Vaincue, la France signe l'armistice le 22 juin 1940.

• L'Allemagne prépare un débarquement au Royaume-Uni qui, seul contre l'Allemagne, résiste aux bombardements.

B 1941 : le conflit devient planétaire

• Rompant le pacte de non-agression qui lui a évité de se battre sur deux fronts, Hitler attaque l'URSS le 22 juin 1941. Une avance foudroyante, un temps ralentie par les Soviétiques, fixe le front de Leningrad à Stalingrad, en 1942.

• Le Japon, dans son expansion dans le Pacifique, se heurte aux États-Unis. Le 7 décembre 1941, il détruit leur flotte à Pearl Harbor. Les États-Unis entrent en guerre mais ne peuvent empêcher le Japon de s'emparer du Sud-Est asiatique.

• En 1941, les pays de l'Axe, qui veulent à la fois conquérir de nouveaux territoires et soumettre les nations vaincues à leur idéologie antidémocratique et anticommuniste, se trouvent face aux Alliés. Ils défendent chacun leur propre idéologie (le Royaume-Uni et les États-Unis : la démocratie, et l'URSS : le communisme) contre leur adversaire commun : l'Axe.

2 La victoire des Alliés (1942-1945)

A Les coups d'arrêt

• Dans le Pacifique, la victoire américaine de Midway (juin 1942) marque le début du reflux japonais.

• Les Alliés débarquent en Afrique du Nord (novembre 1942), puis en Sicile.

• En URSS, l'armée allemande s'empare de Stalingrad. La population de la ville lutte héroïquement pour défendre son territoire et le communisme. Encerclés par l'Armée rouge, les Allemands capitulent le 2 février 1943, déplorant la perte de 300 000 hommes. Alors que l'Allemagne semblait invincible, cette défaite est un tournant dans la guerre.

B La défaite de l'Axe

• L'Armée rouge libère l'URSS et les États d'Europe de l'Est.
• Les débarquements alliés en Normandie (6 juin 1944), puis en Provence, permettent la libération de la France avec l'appui de la Résistance.
• L'Allemagne, écrasée sous les bombes (Dresde, Berlin), envahie à l'est et à l'ouest, capitule le 8 mai 1945.
• Dans le Pacifique, malgré l'avance américaine, le Japon ne cède pas. Les États-Unis lancent deux bombes atomiques sur Hiroshima et Nagasaki les 6 et 9 août 1945. Le Japon signe sa capitulation le 2 septembre 1945.

3 Une guerre d'anéantissement planétaire

A Un affrontement sans précédent

• Les combats se sont déroulés sur tous les océans et continents, avec leurs corollaires de ruines et de drames.
• 100 millions de soldats se sont affrontés lors de combats qui opposent des centaines de milliers d'hommes dotés d'un matériel gigantesque et de nouvelles armes d'anéantissement : les bombes volantes (V1), les fusées (V2) et la bombe atomique.
• Les populations civiles ont payé un lourd tribut. Les bombardements frappent des objectifs militaires, mais aussi intentionnellement des villes pour forcer l'adversaire à capituler.

B La mobilisation des économies et des hommes

• Les belligérants adoptent une économie de guerre et mobilisent les travailleurs pour les productions de guerre. Le patriotisme et la défense des valeurs idéologiques sont exaltés.
• Dans les pays occupés, l'économie et la main-d'œuvre sont réquisitionnées. L'idéologie des vainqueurs est diffusée, contredite par la contre-propagande de la Résistance.

▶ Durant six ans d'une guerre planétaire, lors de combats démesurés, les belligérants ont cherché à anéantir leurs adversaires pour des enjeux à la fois nationaux et idéologiques.

LA SECONDE GUERRE MONDIALE : OCCUPATION, TERREUR ET GÉNOCIDES

Comment les nazis ont-ils imposé leur domination et appliqué leurs théories antisémites et racistes ?

1 L'Europe pillée et soumise à la terreur

A Le poids de l'occupation

- Les États vaincus sont occupés militairement et dirigés par l'Allemagne ou par des gouvernements qui collaborent.
- Ils paient de lourds tributs d'occupation. Leurs productions sont réquisitionnées et des millions de travailleurs sont déplacés de force en Allemagne.

B La terreur et l'univers concentrationnaire

- Partout, les libertés sont supprimées et les médias, censurés, diffusent l'idéologie nazie.
- La Gestapo arrête des Juifs, prend des otages, traque les Résistants. Ils sont torturés, déportés, exécutés.
- Un millier de camps de concentration sont destinés à isoler les adversaires du nazisme et à fournir de la main-d'œuvre.
- Ces camps soumettent totalement les détenus. Toute volonté de résistance est brisée, psychologiquement, par des humiliations et la « dépersonnalisation » (numéro matricule, uniforme) et, physiquement, par la sous-alimentation, le travail forcé, l'insalubrité. La mortalité, très élevée (10 millions de victimes), est accrue par les exécutions et les épidémies.

2 Les génocides

A Le génocide des Juifs : la Shoah

- Les *Einsatzgruppen* (groupes d'intervention formés de SS) suivent la progression des armées en URSS avec pour mission d'exterminer des Juifs. Un million d'entre eux ont péri, victimes de fusillades, de noyades et de gazages dans des camions.
- Les nazis organisent l'élimination des Juifs par leur déportation et leur enfermement dans des centaines de ghettos (Lodz, Varsovie, Cracovie). Entassés dans ces quartiers, affamés, en proie à des épidémies, ils sont promis à la mort.

- En janvier 1942, les dirigeants nazis décident la « **solution finale** de la question juive », l'extermination organisée et totale des Juifs. Des **centres de mise à mort** (camps d'extermination) sont créés en Pologne (Treblinka, Auschwitz-Birkenau).
- Les Juifs sont raflés partout en Europe et acheminés par wagons dans les centres de mise à mort. Après la sélection par les SS, les plus faibles (femmes, enfants, vieillards) sont asphyxiés dans les **chambres à gaz** et leurs corps sont brûlés dans les **fours crématoires**. Les hommes valides sont chargés des macabres tâches dans le camp.
- 6 millions de Juifs ont péri, dont 3 millions dans les centres de mise à mort.

B Le génocide des Tziganes

Considérés par Hitler comme des « êtres asociaux », les Tziganes sont raflés dans toute l'Europe et 120 000 d'entre eux sont exterminés selon les mêmes procédés que pour les Juifs.

3 Le conflit le plus destructeur de l'Histoire

A Bilan matériel d'une guerre totale

L'Europe est en ruine. Dans des milliers de villes, les usines, les infrastructures de transport, l'habitat sont détruits.

B Un désastre humain

- **50 millions d'hommes sont morts**, dont 75 % d'Européens.
- Les civils, victimes de la sous-nutrition, des bombardements, des déportations, des massacres et des génocides constituent **50 % des décès**.

C Bilan moral et psychologique

- La terrible efficacité de la bombe atomique choque et effraie.
- En 1945, la **libération des camps** par les Alliés révèle l'insoutenable réalité de l'univers concentrationnaire et des génocides. Bouleversés, de nombreux hommes réalisent qu'un pas a été franchi dans le mépris de la dignité humaine.
- Les Alliés dénazifient l'Allemagne et jugent à Nuremberg les chefs nazis responsables de **crimes contre l'humanité**.

Les nazis ont imposé leur implacable domination sur l'Europe et ont tenté d'anéantir les peuples juif et tzigane. Jamais l'humanité n'a connu semblable détermination dans l'exécution d'un tel crime.

BILAN EXPRESS – GUERRES MONDIALES ET RÉGIMES TOTALITAIRES

Vocabulaire

- **Crime contre l'humanité :** défini en 1945 lors des procès de Nuremberg comme « l'assassinat, l'extermination, l'asservissement, la déportation et tout acte commis contre toute population civile pour des motifs politiques, raciaux ou religieux ».
- **Génocide :** extermination volontaire et méthodique de tout un peuple. Pour désigner le génocide des Juifs, on emploie aussi le terme hébreu « Shoah » (catastrophe).
- **Goulag :** désigne l'administration des camps de travail forcé où sont déportés les Soviétiques qui n'adhèrent pas au régime.

Biographies

- **Lénine (1870-1924) :** Vladimir Ilitch Oulianov fonde en 1903 le Parti bolchevik qui s'empare du pouvoir à Petrograd en octobre 1917. Il dirige alors la Russie bolchevique jusqu'à sa mort en 1924. Malade à partir de 1922, il ne parvient pas à peser sur le choix de son successeur.

- **Staline (1879-1953) :** Joseph Djougachvili adhère au parti bolchevique en 1904. En 1922, il est associé à Lénine à la tête du parti communiste. À la mort de ce dernier (1924), il évince son rival Trotski et, de 1928 à 1953, devient le seul maître du parti communiste et de l'URSS. Il y fait régner la terreur et élimine ses rivaux par les Grands Procès et les purges. Il prend la tête de la défense du pays durant la Seconde Guerre mondiale et étend le communisme en Europe après 1945.

- **Adolf Hitler (1889-1945) :** Né en Autriche, il rejoint l'Allemagne en 1914 et participe à la Première Guerre mondiale. En 1920, il devient le chef du Parti national-socialiste des travailleurs allemands (Parti nazi). En 1923, il tente de prendre le pouvoir à Munich. Emprisonné, il rédige *Mein Kampf* (*Mon Combat*). La crise économique du début des années 1930 ébranle l'Allemagne et de nombreux Allemands votent pour le Parti nazi. Nommé chancelier le 30 janvier 1933, il impose un régime totalitaire raciste et antisémite. En 1939, il précipite le monde dans la Seconde Guerre mondiale.

Les régimes totalitaires en Europe au XXe siècle

LE TOTALITARISME
Régime politique qui prétend diriger la totalité des activités des individus

Objectifs à réaliser

Imposer une idéologie
- Le communisme en URSS
- Le nazisme en Allemagne

Réaliser un homme nouveau
- Rassembler et uniformiser la population

Diffuser l'idéologie

Développer l'indépendance économique

Moyens employés

Création d'un État tout puissant
- Dictature d'un parti unique et d'un chef tout puissant objet d'un culte (Staline, Hitler)

Terreur et politique d'exclusion
- Police politique, Goulag, dékoulakisation et Grands Procès en URSS
- Gestapo, camps de concentration, lois antisémites (de Nuremberg) et centres de mise à mort en Allemagne

Embrigadement de la population
- Suppression des libertés fondamentales
- Propagande omniprésente
- Enseignement et mouvements de jeunesse

Organisation de l'économie par l'État
- Nationalisation, collectivisation et planification en URSS
- Dirigisme économique en Allemagne

LE MONDE BIPOLAIRE ET LA GUERRE FROIDE (1945-1962)

Comment, après 1945, le monde se partage-t-il en deux blocs antagonistes animés par les États-Unis et l'URSS ?

1 Géopolitique du monde en 1945

A Création et buts de l'ONU

• En juin 1945, l'Organisation des Nations unies est créée avec la signature par 51 États de la Charte des Nations unies.

• L'ONU a pour buts le maintien de la paix, la défense de l'autodétermination des peuples et des Droits de l'homme et le progrès social par le développement et la coopération.

B Les bouleversements de la géopolitique

• Diplomatiquement et économiquement, l'Europe, ruinée par la guerre, n'a plus qu'un rôle effacé.

• Les États-Unis demeurent la première puissance économique. Ils sont aussi les seuls à détenir l'arme atomique.

• L'URSS est très affaiblie. Mais, dans sa lutte contre le nazisme, le communisme a acquis un grand prestige.

2 La naissance d'un monde bipolaire

A La rupture de 1947

• Libérés des nazis par les Soviétiques, les États d'Europe de l'Est sont occupés par l'Armée rouge. L'URSS y impose des régimes communistes : des démocraties populaires dans lesquelles le parti communiste local est parti unique.

• Le Président américain Truman, afin d'endiguer le communisme, propose une aide pour la reconstruction (plan Marshall) que seule l'Europe occidentale accepte.

B Les blocs économiques et militaires

• Le bloc de l'Ouest : les États-Unis et l'Europe occidentale forment l'OECE (Organisation européenne de coopération économique) et l'OTAN (Organisation du traité de l'Atlantique nord).

• Le bloc de l'Est : l'URSS et les démocraties populaires se regroupent dans le CAEM (Conseil d'aide économique mutuelle) et dans le Pacte de Varsovie.

3 La guerre froide

A Une guerre indirecte

• La guerre froide est une période de forte tension entre les deux Grands. Ils s'affrontent indirectement.

• 1950 : la Corée du Sud (soutenue par l'ONU) est envahie par les troupes communistes de Corée du Nord (soutenue par l'URSS et la Chine). L'internationalisation du conflit menace la paix. La guerre (2 millions de morts) s'achève en 1953 par le rétablissement des frontières de 1950.

B La question allemande

• 1945 : les Alliés divisent l'Allemagne et Berlin en 4 zones d'occupation (américaine, britannique, française, soviétique).

• En 1948-1949, Staline isole Berlin-Ouest que Truman ravitaille par un pont aérien. Staline lève alors le blocus.

• En 1949 sont créées la République fédérale d'Allemagne (RFA) et la République démocratique allemande (RDA).

4 Une détente fragile (1953-1962)

A Le bloc communiste assouplit sa politique

• Après la mort de Staline (1953), le bloc de l'Est est fragilisé par des révoltes à Berlin-Est, en Pologne et en Hongrie.

• Khrouchtchev veut réduire les dépenses d'armement pour développer l'économie. Il est favorable à la coexistence pacifique.

B Les crises de 1961 et 1962

• Depuis 1949, 3 millions d'Allemands de l'Est ont fui la RDA par Berlin-Ouest. Le 13 août 1961, les dirigeants de RDA édifient un mur entre Berlin-Est et Berlin-Ouest.

• Cuba (1962) : les Soviétiques installent des rampes de fusées à charges nucléaires dirigées vers les États-Unis. Kennedy menace Khrouchtchev d'une attaque atomique qui terrorise le monde. Le risque s'éloigne après des négociations.

C L'équilibre de la terreur

Une crainte réciproque empêche les deux Grands de se servir de la bombe atomique et de missiles à longue portée. Un respect mutuel des sphères d'influence s'instaure.

➤ La menace réelle d'une guerre capable de détruire la planète conduit les deux Grands à une politique de détente.

LA FIN DE LA GUERRE FROIDE

Quels bouleversements mettent fin à l'affrontement entre les deux Grands après 1962 ?

1 L'apaisement : 1962-1975

A La détente nécessaire

- Le surarmement contraint les Grands au respect mutuel.
- Ils dirigent des blocs plus fragiles. À l'Est, la Chine communiste se pose en rivale de l'URSS ; à l'Ouest, la France retire ses forces de l'OTAN et se rapproche de l'URSS.

B Les manifestations de la détente

Les accords SALT I (1972) limitent les armes stratégiques et par les accords d'Helsinki (1975), les deux blocs s'engagent à respecter les frontières de l'Europe et les Droits de l'homme.

C Des affrontements indirects

- Les États-Unis échouent au Viêt Nam Sud dans leur intervention contre la guérilla communiste aidée par le Viêt Nam Nord, l'URSS et la Chine. Ils se retirent en 1973.
- Israël, soutenu par le bloc de l'Ouest, remporte les guerres des Six Jours (1967) et du Kippour (1973) sur les pays arabes voisins soutenus par l'URSS.

2 Un regain de tension : 1975-1985

A Un équilibre plus fragile

- Les États-Unis, en 1978, perdent l'alliance de l'Iran où les musulmans intégristes prennent le pouvoir.
- En 1979, l'Armée rouge entre en Afghanistan pour défendre le régime communiste contre lequel la population résiste.
- L'URSS étend le communisme en Afrique, en Asie du Sud-Est et en Amérique centrale.

B Le surarmement

- Les euromissiles menacent l'Europe : les fusées soviétiques SS 20 sont pointées sur les bases de l'OTAN, laquelle braque des fusées Pershing sur l'URSS.
- En 1983, le Président Reagan annonce la création d'un bouclier spatial antimissile, l'« Initiative de défense stratégique ».

3 L'effondrement du communisme et de l'URSS

A Les réformes de Gorbatchev et leur échec

- En 1985, Gorbatchev veut libéraliser progressivement l'économie (perestroïka). Mais celle-ci est déstabilisée ; la pénurie et le chômage engendrent un vif mécontentement.
- La perestroïka est étayée par la glasnost (transparence) : la liberté d'expression est reconnue, développant une contestation du régime.

B En Europe centrale et orientale

- Encouragés par la politique de Gorbatchev et par l'absence d'intervention de l'URSS, les démocraties populaires d'Europe de l'Est rejettent le rôle dirigeant du Parti communiste.
- En Pologne, Hongrie, Tchécoslovaquie, Roumanie, Bulgarie, Yougoslavie, des élections libres et pluralistes ont lieu.
- À Berlin, le « mur de la honte » édifié en 1961 est abattu le 9 novembre 1989. L'Allemagne est réunifiée en octobre 1990.

C La fin du communisme et l'éclatement de l'URSS

- Les réformes de Gorbatchev encouragent les Républiques d'URSS à proclamer leur indépendance.
- Le Parti communiste est dissous en août 1991.
- En décembre 1991, l'URSS cède la place à 15 États indépendants.

4 Un nouvel état du monde

A L'apaisement

- En 1989, les Soviétiques quittent l'Afghanistan.
- Gorbatchev recherche la détente, également souhaitée par les États-Unis : les euromissiles sont détruits (1987) et la réduction des armements stratégiques est décidée (1991).
- Le bloc de l'Est se désagrège avec le rejet du communisme en Europe centrale et orientale et la disparition de l'URSS.

B De nouvelles inquiétudes

- Intégrismes religieux et nationalismes s'affrontent dans des conflits locaux dans lesquels les deux Grands ne peuvent intervenir.
- Le terrorisme constitue une nouvelle menace.

▶ La paix mondiale semble moins précaire. Cependant, le monde n'est pas pacifié et des inquiétudes demeurent.

LA DÉCOLONISATION

Pourquoi et comment, à partir de 1945, les peuples colonisés accèdent-ils à l'indépendance ?

1 Les causes de l'émancipation des colonies

A La Seconde Guerre mondiale

Le prestige des Européens est affaibli par leurs défaites. Ils ont promis des réformes en échange de la fidélité de certaines colonies pendant le conflit.

B La colonisation sécrète l'anticolonialisme

- En réaction à la présence étrangère et à l'exploitation économique, des mouvements nationalistes sont nés. Certains s'appuient sur le bouddhisme et sur l'islam.
- Les principes démocratiques, diffusés par les métropoles, mais en contradiction avec le système colonial, se retournent contre elles.

C Les appuis

- Les États-Unis (ex-colonie anglaise) souhaitent le triomphe de la démocratie.
- L'URSS et la Chine, hostiles à l'impérialisme, veulent étendre chacune leur propre vision du communisme.
- L'ONU défend la liberté des peuples et prend position contre le colonialisme.

2 La décolonisation en Asie (1947-1954)

A L'indépendance par la négociation

- En Inde, le parti du Congrès de Gandhi réclame l'indépendance. Des pourparlers s'engagent avec le Royaume-Uni. En 1919, Gandhi lance un mouvement non violent de désobéissance civile. Durant la Seconde Guerre mondiale, le parti du Congrès renforce son action.
- 1945 : l'indépendance est accordée. L'opposition entre hindous et musulmans entraîne la partition en deux États (Inde et Pakistan) : 12 millions de personnes sont déplacées.

B L'indépendance par la guerre

- Après une guerre, l'Indonésie (ex-Indes néerlandaises) accède à l'indépendance en 1949.

• En Indochine, de 1946 à 1954, la guerre oppose le Viêt-minh, nationaliste et communiste, dirigé par Hô Chi Minh, à l'armée française. En 1954, après la défaite de Diên Biên Phu, la France reconnaît l'indépendance du Cambodge, du Laos et du Viêt Nam (divisé en deux États).

3 La décolonisation en Afrique (1954-1975)

A L'indépendance par la négociation

• En Afrique, les pays de colonisation britannique accèdent à l'indépendance pacifiquement, sauf le Kenya.

• Après des troubles, le Maroc et la Tunisie, en 1956, obtiennent de la France leur indépendance.

• En 1956, après des pourparlers, l'autonomie réclamée par des nationalistes modérés (L.S. Senghor au Sénégal) est accordée aux États d'Afrique subsaharienne francophone, au sein de l'Union française. En 1960, leur indépendance est acquise et des accords de coopération sont signés avec l'ancienne métropole.

B La guerre d'Algérie (1954-1962)

• En Algérie vivent 8 millions d'Algériens musulmans et 1 million d'Algériens d'origine européenne que la France ne veut pas abandonner.

• En 1954, le Front de libération nationale (FLN), avec Ben Bella, réclame l'indépendance et préconise l'insurrection.

• Commence alors une guerre meurtrière dont sont aussi victimes les populations civiles. Aux actes de guérilla du FLN répondent des représailles de l'armée française.

• Le 13 mai 1958, l'émeute de la population européenne d'Alger, soutenue par des officiers français, entraîne la chute de la IVe République.

• De Gaulle, élu président de la République, se convainc peu à peu de la nécessité de l'indépendance. La population musulmane algérienne est favorable aux nationalistes et la population française métropolitaine est lasse de cette guerre.

• En mars 1962, les accords d'Évian prévoient le cessez-le-feu. Le 3 juillet 1962, l'indépendance est proclamée.

En 1975, la décolonisation est presque achevée en Afrique et en Asie. La naissance de dizaines de pays africains et asiatiques bouleverse la géopolitique mondiale.

L'ÉMERGENCE DU TIERS-MONDE SUR LA SCÈNE INTERNATIONALE

Comment les pays qui ont accédé à l'indépendance tentent-ils de peser dans les relations internationales ?

1 L'affirmation des nouveaux États

A Les conférences de Bandung et de Belgrade

• À Bandung (1955), 29 pays d'Afrique et d'Asie condamnent le colonialisme et le racisme. Ils proclament leur volonté de lutter contre le sous-développement et refusent l'ingérence des grandes puissances. C'est l'affirmation officielle d'un « tiers-monde » qui se veut neutre entre les deux blocs.

• À Belgrade (1961), 25 pays proclament leur non-alignement et déclarent représenter une 3e voie indépendante.

B Les limites du non-alignement

• Les nouveaux États sont encore liés aux anciennes métropoles, dans le cadre du Commonwealth pour les ex-colonies britanniques et par des accords de coopération entre la France et les nouveaux États d'Afrique noire francophone.

• Le mouvement des non-alignés connaît des dissensions dans le choix des voies de développement. Certains (Algérie, Cuba, Viêt Nam Nord) s'inspirent du modèle soviétique en nationalisant richesses naturelles et industries. D'autres (Brésil, Inde, Côte d'Ivoire) optent pour une économie de marché et l'exportation vers les pays industrialisés.

2 Le sous-développement des nouveaux États

A Une économie déséquilibrée et dépendante

• Faute de capitaux, d'équipements et de main-d'œuvre qualifiée, la croissance économique est très faible.

• Une agriculture vivrière peu productive et une agriculture spéculative destinée à l'exportation constituent un secteur agricole prédominant.

• Le secteur industriel, peu développé, ne permet pas de valoriser les richesses naturelles qui sont exportées vers les pays industriels.

• Le secteur tertiaire, aux nombreux « petits métiers », procure peu de richesses.

B Explosion démographique et pauvreté

- La natalité est très forte et la mortalité diminue (progrès médicaux). La population augmente rapidement.
- Or, les ressources alimentaires ne progressent pas au rythme de la population. La malnutrition et la sous-nutrition frappent des millions d'hommes.
- L'enseignement est trop peu développé et l'analphabétisme touche plus de 50 % des populations.
- On observe de grandes inégalités sociales : à la campagne et dans les bidonvilles, une majorité de la population vit dans la misère ; une minorité riche détient l'économie.

C L'instabilité politique

- Les frontières issues de la colonisation entraînent des conflits entre États voisins (Inde-Pakistan) et des guerres civiles dans les États multinationaux (Nigeria, Congo).
- La démocratie est fragile : des dictateurs s'emparent du pouvoir dans de nombreux pays.

3 La recherche de solutions

A Des organisations solidaires

- Les nouveaux États forment des organisations régionales aux buts économiques et politiques : l'OUA (Organisation de l'Unité africaine, 1963), l'ASEAN (Association des nations d'Asie du Sud-Est, 1967).
- L'Organisation des pays exportateurs de pétrole (OPEP), créée en 1960, fixe le cours du pétrole, énergie indispensable aux pays industrialisés, et joue alors un rôle très important.

B Le rôle de l'ONU

- De plus en plus nombreux à l'ONU, les États du tiers-monde infléchissent sa politique et tentent d'obtenir des pays industrialisés une aide indispensable à leur développement.
- En 1964, la CNUCED cherche des réponses aux problèmes du sous-développement.
- 1974 : l'ONU reconnaît le « droit au développement » et veut instaurer un « nouvel ordre économique mondial » plus juste.

En proclamant leur non-alignement, les nouveaux États cherchent à s'affirmer sur la scène internationale. À cause du sous-développement, la croissance et l'indépendance de leur économie deviennent des objectifs prioritaires.

LA CONSTRUCTION EUROPÉENNE (1957-1992) : LA CEE

Pourquoi, en 1957, une organisation européenne voit-elle le jour ? Quelles étapes ont jalonné sa construction ? Quelles sont ses institutions ?

1 Les origines de la CEE

A Les raisons politiques

• Après la Seconde Guerre mondiale, bien qu'ayant appartenu à des camps opposés, six États d'Europe de l'Ouest (la RFA, la Belgique, les Pays-Bas, le Luxembourg, l'Italie et la France) se rapprochent : Jean Monnet, Robert Schuman et le chancelier ouest-allemand Adenauer, les « pères de l'Europe », sont les artisans des premières institutions.

• Ils ont des motivations politiques communes : préserver la paix avant tout, supprimer les rivalités économiques et favoriser le développement.

• Les six États sont attachés aux valeurs de la démocratie (ce sont des monarchies parlementaires ou des républiques). Ils appartiennent au bloc de l'Ouest et ils adhèrent à l'OTAN.

B Les arguments économiques pour le rapprochement

• Ils sont tous membres de l'OECE et ils ont un système économique capitaliste et libéral.

• Ils souhaitent enrayer le déclin de l'Europe amorcé avec la Première Guerre mondiale, reconstruire l'Europe ruinée par la Seconde Guerre mondiale et former un bloc économique capable de faire contrepoids aux deux Grands.

2 Naissance et approfondissement de la CEE

A Les traités fondateurs

• En 1951, les six États créent la Communauté européenne du charbon et de l'acier (CECA) qui établit la libre circulation de ces produits entre ces pays.

• Le 25 mars 1957, les six États de la CECA signent deux traités à Rome qui créent :

– la Communauté économique européenne (CEE) dont l'objectif est la libre circulation des marchandises, des capitaux et des hommes à l'intérieur de la Communauté ;

– la Communauté européenne de l'énergie atomique (CEEA) qui doit coordonner la production de l'énergie nucléaire.

B De nouvelles compétences

• En 1962, la Politique agricole commune (PAC) est créée.

• En 1968, l'union douanière réalise le Marché commun, établissant le libre-échange à l'intérieur de la CEE.

• La CEE tente d'harmoniser sa politique sociale pour établir une plus grande égalité entre les travailleurs et éviter des délocalisations dans les États où les lois sociales sont moins contraignantes. Une Charte sociale européenne (1989) vise à réguler la législation du travail en affirmant le droit à un salaire décent. Il n'existe pas de salaire minimum garanti européen.

C De nouveaux États membres

• La CEE s'ouvre au Nord en 1973, avec l'entrée du Royaume-Uni, de l'Irlande et du Danemark.

• Puis elle accueille des États du Sud : la Grèce en 1981, l'Espagne et le Portugal en 1986.

3 Les institutions européennes

• La Commission européenne, à Bruxelles, comprend des commissaires nommés par leur gouvernement. Elle propose des décisions au Conseil des ministres et, après leur vote par celui-ci, fait appliquer les directives et les règlements.

• Le Conseil des ministres de l'Union européenne réunit les ministres concernés par une décision (par exemple les ministres de l'Agriculture des États membres). Il vote les décisions proposées par la Commission.

• Le Conseil européen réunit les chefs d'État et de gouvernement des pays membres. Il indique les grandes orientations et propose à la Commission européenne des projets.

• Le Parlement européen, à Strasbourg, comprend plus de 600 députés élus au suffrage universel direct. Il vote le budget et contrôle la Commission qu'il peut censurer.

• La Cour de Justice, à Luxembourg, est formée de juges nommés par les États. Elle veille au respect du droit communautaire et règle les litiges entre États membres.

Lentement, la CEE se met en place. Elle élargit le domaine de ses compétences et étend son domaine spatial.

L'UE : APPROFONDISSEMENTS ET ÉLARGISSEMENTS DEPUIS 1992

Par le traité de Maastricht en 1992, la CEE prend le nom d'Union européenne (UE). Dans quels domaines développe-t-elle la coopération entre États ? Comment intègre-t-elle de nouveaux États membres ?

1 Vers une union économique des pays de l'UE

A Le développement des politiques économiques communautaires

• En 1993, le Marché unique permet la libre circulation des marchandises, des capitaux, des services et des hommes, créant ainsi le premier espace commercial mondial. Les hommes circulent librement à l'intérieur de l'espace Schengen qui regroupe les États de l'ouest de l'UE.

• La politique agricole commune est réformée afin de limiter la surproduction. La coopération industrielle est intensifiée.

B Une monnaie unique

Adopté par 12 États, l'euro devient monnaie légale en 2002.

2 Une nouvelle dimension politique

Le traité de Maastricht consolide les liens politiques des États pour faire de l'UE une puissance internationale de 1er plan.

A La démocratie renforcée

• La « citoyenneté européenne » donne le droit de vote aux ressortissants de l'UE résidant dans un État différent de leur pays d'origine ainsi que l'éligibilité aux élections locales et aux élections du Parlement européen.

• Le Parlement européen participe plus activement aux décisions du Conseil des ministres européens.

B Des domaines communautaires développés

• La coopération intergouvernementale est renforcée dans de nombreux domaines : l'éducation, la santé, la recherche, la justice et la police, notamment dans la lutte contre le terrorisme international et le trafic des stupéfiants.

• Afin de faire de l'UE un acteur majeur de la vie politique internationale, la Politique étrangère et de sécurité commune

(PESC) vise à renforcer les liens entre États et à créer une armée européenne. Mais dans ces domaines, les États restent très attachés à leur souveraineté nationale : l'intervention armée en Irak aux côtés des États-Unis (2003) a divisé les États membres, empêchant une décision communautaire.

3 L'élargissement de l'UE

A L'Europe des 27[1] (en 2012)

- En 1995, l'UE accueille l'Autriche, la Finlande et la Suède.
- En 2004, 10 nouveaux États intègrent l'UE : l'Estonie, la Lettonie, la Lituanie, la Pologne, la République tchèque, la Slovaquie, la Hongrie, la Slovénie, Malte et Chypre. En 2007, la Roumanie et la Bulgarie entrent à leur tour dans l'UE.
- À l'exception de Malte et Chypre, 10 de ces nouveaux États entrés depuis 2004 sont d'anciennes démocraties populaires. Après la chute du communisme, ils se sont rapprochés de l'Europe de l'Ouest afin de consolider la démocratie et le système économique libéral qu'ils ont adoptés.
- Un effort plafonné de solidarité est entrepris pour corriger des disparités de niveau de développement entre les États de l'UE et les nouveaux adhérents et permettre leur intégration.

B Une union de toute l'Europe ?

- L'UE étudie la candidature à l'adhésion de 5 États : Serbie, Monténégro, Macédoine, Albanie et Turquie.
- Avec l'élargissement de l'UE, les procédures de décision doivent être adaptées. Pour certaines décisions importantes, le vote à l'unanimité a été remplacé par la « majorité qualifiée » qui permet aux pays représentant ensemble plus des 2/3 de la population de l'UE de prendre des décisions.
- Les projets de réforme des institutions se heurtent au refus de certains peuples attachés à leur souveraineté nationale. Ainsi, la réforme des institutions du traité de Lisbonne (2007) a eu du mal à s'imposer.

▶ Avec des approfondissements et des élargissements, l'UE poursuit sa construction depuis plus de 50 ans. Confrontée à une crise financière majeure en 2011, elle doit démontrer sa capacité d'adaptation, sa solidité et sa solidarité en particulier dans la défense de la monnaie commune.

1. L'UE doit compter 28 membres le 1er juillet 2013 avec la Croatie.

DU MONDE BIPOLAIRE AU MONDE MULTIPOLAIRE

Durant la décennie 1990, comment les relations internationales ont-elles évolué ?

1 La fin du monde bipolaire (1989-1991)

A La dislocation du bloc de l'Est

La chute du communisme et l'éclatement de l'ex-Union soviétique entraînent la dissolution du Pacte de Varsovie et du CAEM mis en place entre l'URSS et les États d'Europe de l'Est au début de la guerre froide.

B Le renforcement du bloc de l'Ouest

- Les anciennes démocraties populaires d'Europe adoptent un régime démocratique et un système économique capitaliste et libéral. Elles se rapprochent ainsi du bloc de l'Ouest.
- Elles le rejoignent quelques années plus tard, avec l'adhésion à l'OTAN et l'entrée dans l'UE de l'Estonie, la Lettonie, la Lituanie, la Pologne, la République tchèque, la Slovaquie, la Hongrie, la Slovénie, la Bulgarie et la Roumanie.

2 Un monde unipolaire (1991-1993)

A Les États-Unis, une puissance sans égale

- Les États-Unis réunissent tous les critères de la superpuissance : première économie mondiale, diffusion de leur culture sur toute la planète, première armée du monde. Très moderne et dotée de l'arme nucléaire, elle peut intervenir partout depuis ses porte-avions ou ses bases dans des pays de l'OTAN.
- Depuis l'effacement de la Russie, les États-Unis exercent une forte influence à l'ONU : ils disposent, en tant que membre permanent, du droit de veto aux résolutions du Conseil de sécurité et sont les premiers contributeurs financiers de l'organisation.

B Les États-Unis « gendarmes du monde »

- En 1991, avec l'aval de l'ONU, les États-Unis dirigent la guerre du Golfe, libérant le Koweït occupé par l'Irak.
- Depuis la naissance de l'État d'Israël (1948), Israël et les Palestiniens se disputent la terre de Palestine. Plusieurs

guerres, de 1948 à 1973, opposent Israël aux pays arabes voisins où sont réfugiés les Palestiniens. Depuis 1964, ces derniers sont représentés par l'Organisation de libération de la Palestine (OLP) qui réclame la création d'un État palestinien. En 1993, avec la médiation américaine, la signature des accords d'Oslo leur octroie des territoires autonomes (la bande de Gaza et en Cisjordanie) sans que la violence cesse.

3 Un monde multipolaire depuis 1993

A Les contrepoids à la superpuissance des États-Unis

- Depuis la fin de la guerre froide qui paralysait les décisions du Conseil de sécurité, l'ONU intervient plus fréquemment dans les conflits par l'envoi de Casques bleus.
- L'ONU autorise la suspension de la souveraineté d'un État et accepte le droit d'ingérence humanitaire pour venir en aide à des populations civiles.
- La Politique étrangère et de sécurité commune (PESC) de l'UE est certes encore fragile. Mais l'UE participe à des opérations de maintien de la paix dans les Balkans.

B De multiples conflits locaux

- En Afrique subsaharienne, les populations s'affrontent dans des guerres intra-étatiques particulièrement cruelles. Les causes de ces atrocités sont ethniques (au Rwanda où les Hutus ont perpétré un génocide des Tutsis en 1994), religieuses (au Soudan), politiques (au Zaïre) ou économiques (gisements de pétrole au Sud-Soudan).
- La chute du communisme provoque l'éclatement de l'ex-Yougoslavie en six États. De 1992 à 1999, le réveil des nationalismes entraîne en Bosnie-Herzégovine et au Kosovo des guerres d'une particulière violence caractérisée par des opérations de génocide perpétrées par l'armée serbe.

C Les actes de terrorisme

Au cours de la décennie 1990, cette forme de violence se développe dans toutes les régions du monde. Elle tue et déstabilise en générant un climat d'insécurité.

► Une plus grande cohésion semble s'instaurer entre les principaux acteurs de la scène internationale, nécessaire pour faire face aux dangers qui pèsent sur le monde.

LE DÉSORDRE MONDIAL

Depuis le début du XXIe siècle, quelles incertitudes pèsent sur le monde actuel ?

1 La sécurité mondiale menacée

A Le terrorisme

- Le terrorisme est une forme de lutte contre un pouvoir établi.
- Les terroristes font pression sur les gouvernements par des actions violentes (attentats, prises d'otages, détournements d'avions) qui font régner la peur au sein des populations.

B L'islamisme

- Né à la fin du XXe siècle, l'islamisme intégriste se développe. Il veut instaurer un régime politique et une société régis par le Coran et les lois de l'islam. Pour s'imposer, des organisations islamistes radicales commettent des attentats terroristes dans les États musulmans (Maghreb, Indonésie).
- Certaines de ces organisations, comme Al-Qaida qui coordonne différentes branches transnationales, sont hostiles au monde occidental et à l'existence de l'État d'Israël. Au cours de la décennie 1990, elles commettent de nombreux attentats contre les Occidentaux et contre des pays musulmans.

C Les attentats du 11 septembre 2001

- Le 11 septembre 2001, les États-Unis sont frappés par des attentats dirigés contre les symboles de leur puissance à Washington et à New York. Des terroristes d'Al-Qaida détournent quatre avions de ligne. Le premier s'écrase dans une forêt. Le deuxième frappe le Pentagone. Les deux autres avions percutent les deux tours du World Trade Center à New York, entraînant la mort de 3 000 personnes.
- En octobre 2001, avec l'aval de l'ONU, les États-Unis et des forces de l'OTAN bombardent l'Afghanistan soupçonné d'abriter des bases d'Al-Qaida et son chef Oussama Ben Laden. Le régime des talibans s'effondre et le pays devient la proie d'une guerre civile.
- Le 2 mai 2011, les forces spéciales américaines localisent Ben Laden au Pakistan. Il est tué lors de leur intervention.

2 Craintes et espoirs

A De nouvelles menaces

• 2003 à 2011 : sans l'accord de l'ONU, les États-Unis envahissent l'Irak accusé de détenir des armes de destruction massive et de cacher des terroristes. Le dictateur Saddam Hussein est renversé, jugé et exécuté, mais le pays est déchiré par la guerre civile.

• En 2004 et 2005, Londres et Madrid, capitales d'États ayant participé à la guerre en Irak, sont frappés par des attentats revendiqués par Al-Qaida.

• En violation du traité sur la non-prolifération des armes nucléaires, l'Inde, le Pakistan et la Corée du Nord se sont dotés de l'arme nucléaire. Le gouvernement islamiste iranien est soupçonné de mettre au point de telles armes.

B Les espoirs du « printemps arabe »

2011 : en Tunisie, Égypte et Libye, les populations renversent les dictatures. Les gouvernements provisoires tentent d'établir la démocratie dans laquelle les partis islamistes veulent une place.

3 Adapter les règles du monde ?

A Réformer le Conseil de sécurité de l'ONU

• Dirigé par les vainqueurs du second conflit mondial, il ne reflète pas actuellement l'équilibre des forces dans le monde.

• En sont exclus de grandes puissances (Japon, Allemagne) ainsi que des pays émergents (Brésil, Inde).

B Déterminer de nouvelles priorités

• Une coopération internationale est nécessaire face aux problèmes environnementaux et au dérèglement climatique pouvant entraîner conflits d'intérêts et drames humains.

• Alors qu'une crise économique secoue le monde depuis 2008, l'idée d'une régulation internationale de l'économie semble voir le jour.

• L'aide au développement de plus de la moitié de l'humanité souffrant de pauvreté reste le grand défi économique et humanitaire que la communauté internationale doit relever.

▶ Une plus grande coopération internationale semble indispensable pour faire face aux déséquilibres et aux menaces qui pèsent sur la sécurité du monde.

BILAN EXPRESS
UNE GÉOPOLITIQUE MONDIALE DEPUIS 1945

Le monde bipolaire

Blocs*	Aire géographique	Pays leader	Régimes politiques	Système économique	Alliance militaire	Organisation économique
Bloc de l'Ouest	• Amérique du Nord • Europe de l'Ouest	États-Unis	• Démocratie libérale • Pluralisme des partis politiques	• Capitalisme libéral (propriété privée des moyens de production, économie de marché)	1949 : Organisation du traité de l'Atlantique nord (OTAN)	1948 : Organisation européenne de coopération économique (OECE)
Bloc de l'Est	• URSS • Europe centrale et orientale	URSS	• Régime totalitaire de Staline • Démocraties populaires où le parti communiste détient seul tous les pouvoirs	• Économie socialiste (nationalisation, collectivisation, planification)	1955 : Pacte de Varsovie	1949 : Conseil d'aide économique mutuelle (CAEM)

*Un bloc est un ensemble de pays qui ont des points communs et qui sont solidaires les uns des autres par des alliances militaires et économiques.

La décolonisation

Phases	Espace géographique	Métropole concernée	Type de décolonisation	Leader(s) nationaliste(s)	Nouveaux États indépendants
Asie 1947-1954	Empire des Indes	Royaume-Uni	Par la négociation	Gandhi et Nehru	Inde et Pakistan (1947)
	Indes néerlandaises	Pays-Bas	Par la guerre	Soekarno	Indonésie (1949)
	Indochine	France	Par la guerre 1946-1954	Hô Chi Minh	Viêt Nam Nord Viêt Nam Sud Cambodge Laos (Accords de Genève, 1954)
Afrique 1954-1975	Afrique du Nord	France	Par la négociation après des troubles		Tunisie et Maroc 1956
	Afrique du Nord	France	Par la guerre 1954-1962	Ben Bella	Algérie (Accords d'Évian, 1962)
	Afrique subsaharienne	France	Par la négociation	Deux exemples : Houphouët Boigny L.S. Senghor	Côte d'Ivoire (1960) Sénégal (1960)

LA RÉPUBLIQUE EN FRANCE ENTRE LES DEUX GUERRES (1918-1939)

Comment la IIIe République s'adapte-t-elle aux bouleversements du début du XXe siècle ?

1 De la guerre à la paix (1914-1920)

A La fin de l'Union sacrée

- En 1914, pour conduire la guerre, tous les partis politiques soutiennent des gouvernements d'Union nationale ou d'Union sacrée.
- En 1917, la lassitude générale entraîne des mutineries et des grèves. Les ministres socialistes quittent le gouvernement et rompent l'Union sacrée.
- Georges Clemenceau, nommé président du Conseil, est déterminé à mener la guerre jusqu'à la victoire. Avec autorité, il intensifie l'effort de guerre et lutte contre le défaitisme.

B Le retour à la paix

- Après l'armistice du 11 novembre 1918, le Parlement débat de nouveau publiquement. Il ratifie le traité de Versailles le 28 juin 1919. La France dévastée par la guerre se reconstruit.
- En 1919 et 1920, les gouvernements modérés doivent faire face à une forte agitation sociale qui, à l'exemple de la révolution russe, se développe en France.
- En décembre 1920, au Congrès de Tours, le parti socialiste ou SFIO (Section française de l'Internationale ouvrière) se scinde en deux partis : le parti communiste qui adhère à la IIIe Internationale et qui adopte un programme révolutionnaire, et la SFIO qui conserve un programme réformiste.

2 La République en crise (1929-1936)

A La France dans la crise mondiale

- En 1931, le commerce international est paralysé par une grave crise économique commencée en 1929. Les exportations françaises chutent, provoquant la surproduction, des faillites et le chômage de 300 000 personnes en 1933.
- Les revenus diminuent, engendrant un malaise social relayé par une contestation du régime politique.

B Le régime parlementaire contesté

- La multiplicité des partis politiques est source d'instabilité ministérielle. La succession de gouvernements face à la crise fait naître l'antiparlementarisme qui réclame un exécutif fort.
- Des ligues d'extrême droite se créent : Jeunesses patriotes, Croix-de-Feu. Groupes de pression politiques, elles sont nationalistes, antiparlementaires et anticommunistes.
- À la suite de l'affaire Stavisky (scandale politico-financier), les ligues provoquent, le 6 février 1934, une violente émeute que la gauche dénonce comme une tentative de coup d'État fasciste.

3 Le Front populaire (1936-1937)

A La victoire électorale du Front populaire

La IIIe Internationale recommande l'union de la gauche pour faire barrage au fascisme. Le parti communiste noue avec les partis socialiste et radical une alliance électorale dans le cadre du Front populaire. Celui-ci emporte 63 % des sièges à la Chambre des députés en mai 1936.

B Les réformes sociales du Front populaire

- Le gouvernement du socialiste Léon Blum doit faire face à une grève générale, avec occupation des usines.
- L. Blum organise des négociations entre patronat et syndicats. Les accords Matignon (7 juin 1936) prévoient l'extension des conventions collectives et des augmentations de salaires.
- Ces mesures sont complétées par les lois sur la semaine de 40 heures de travail et les congés payés (deux semaines). Les salariés saluent ces avancées sociales avec enthousiasme.

C Les difficultés du Front populaire

- L'inflation monétaire et les augmentations de salaires se répercutent sur les prix : l'économie stagne ; le chômage augmente.
- L'unité du Front populaire se fissure : L. Blum perd le soutien des radicaux et des communistes et doit démissionner.
- 1937-1939 : les modérés reviennent au pouvoir. Devant la montée du péril nazi, le réarmement de la France est accéléré.

Victorieuse en 1918, la France est fragile en 1939. Elle n'a pas résolu la crise économique, elle n'est pas prête militairement mais, contrairement à d'autres pays européens, la démocratie s'est maintenue durant l'entre-deux-guerres.

1940-1944 : L'EFFACEMENT DE LA RÉPUBLIQUE EN FRANCE

Quels sont les aspects du régime de l'État français ?

1 La défaite de 1940

A La France envahie

- En mai 1940, la France, attaquée par l'armée allemande, est rapidement et brutalement envahie jusqu'à la Loire.
- Devant la défaite militaire, le général de Gaulle, persuadé que la lutte n'est pas terminée, appelle à la résistance le 18 juin 1940. Le maréchal Pétain, alors chef du gouvernement, estime, quant à lui, qu'il faut négocier avec les vainqueurs.

B La signature de l'armistice

- Le 22 juin 1940, la France signe à Rethondes un armistice avec l'Allemagne.
- La France est coupée en deux par la ligne de démarcation. Le Nord et les côtes occidentales sont occupés par l'armée allemande ; le Sud, la zone dite libre, est dirigé par Pétain.

C L'effondrement de la IIIe République

- Le 10 juillet 1940, députés et sénateurs votent les pleins pouvoirs constituants au maréchal Pétain.
- Hostile à la démocratie et au parlementarisme, il instaure un régime autoritaire et réactionnaire : l'État Français. Le mot « République » disparaît et la devise «Travail, Famille, Patrie» remplace celle de la République « Liberté, Égalité, Fraternité ».

2 L'État français

A Un régime de dictature

- Les libertés sont supprimées, les partis politiques sont dissous et les élections n'ont plus lieu. Pétain, chef de l'État français, établit une dictature personnelle et légifère par décrets.
- Les syndicats disparaissent et le droit de grève est interdit. Les prix et les salaires sont bloqués.
- L'État français exerce une politique d'exclusion : socialistes, communistes et francs-maçons sont traqués.
- Le régime de Vichy pratique une active politique antisémite. Dès 1940-1941, deux statuts des Juifs les excluent des

fonctions électives et de certaines professions (enseignement, médias, professions libérales) et confisquent leurs entreprises. Ils doivent se faire recenser et porter l'étoile jaune.

B La révolution nationale

- Pétain veut créer un « ordre nouveau » et régénérer la France par un retour aux valeurs traditionnelles.
- Le travail de la terre, l'artisanat, la famille, la patrie et la nation sont exaltés par la propagande, diffusée en particulier par d'anciens combattants regroupés dans la Légion française des combattants.
- La presse et la radio sont contrôlées et la jeunesse est éduquée dans le cadre des Chantiers de jeunesse.

3 La collaboration

A La collaboration d'État

- En octobre 1940, Pétain rencontre Hitler à Montoire et « entre dans la voie de la collaboration ». Imposé par l'occupant en 1942, le président du Conseil Pierre Laval « souhaite la victoire de l'Allemagne », victoire indispensable, selon lui, pour vaincre le bolchevisme. Il mène une active politique de coopération avec l'occupant.
- L'aide économique est accrue : Vichy envoie des travailleurs en Allemagne pour le Service du travail obligatoire (STO).
- À partir de 1942, l'État français participe aux rafles des Juifs (rafle du « Vélodrome d'hiver » le 16 juillet 1942) et laisse les Allemands déporter 85 000 Juifs en Allemagne.
- Des otages sont livrés à l'occupant. Une police spéciale, la Milice, appuie la Gestapo et traque les Juifs et les résistants.

B La chute du régime de Vichy

- Après le débarquement allié en Afrique du Nord (novembre 1942), l'armée allemande occupe toute la France qui devient un État satellite du Reich. Les Français qui, dans leur majorité, avaient fait confiance au maréchal Pétain en 1940 deviennent de plus en plus hostiles au régime de Vichy.
- En août 1944, avec la Libération, l'État Français s'effondre.

De 1940 à 1944, tandis que la France subit l'oppression de l'occupation allemande, la République est effacée par le régime de dictature de Vichy.

23

LA RÉSISTANCE ET LA REFONDATION DE LA RÉPUBLIQUE

Quel est le rôle de la Résistance dans la Seconde Guerre mondiale ? Comment refonde-t-elle la République ?

1 La Résistance

A La Résistance extérieure

- Alors que Pétain a demandé à signer l'armistice, de Gaulle lance, de Londres, un appel à la résistance le 18 juin 1940.
- Il fonde la France Libre, dotée d'un gouvernement et d'une armée, les Forces françaises libres (FFL), qui combat aux côtés des Britanniques.
- Il est en contact avec des réseaux de la Résistance intérieure et s'adresse aux Français par la radio anglaise, la BBC.

B La Résistance intérieure

- En zone dite libre, des Français se regroupent en grands mouvements clandestins : Combat, Libération, Franc-Tireur.
- En zone occupée par les Allemands, des associations clandestines, très cloisonnées, se forment (Libération-Nord).

C L'unification de la Résistance

Jean Moulin, chargé par de Gaulle d'unifier les différents mouvements de la Résistance intérieure, crée en mai 1943 le Conseil national de la Résistance (CNR) qui reconnaît de Gaulle comme chef de la Résistance.

2 « L'armée de l'ombre »

A Les résistants

- Les résistants sont des patriotes qui veulent libérer la France. Ils sont attachés aux valeurs de la République contre le totalitarisme antisémite des nazis. Ils refusent le régime autoritaire de Vichy et sa collaboration avec l'occupant (de nombreux réfractaires au STO rejoignent la Résistance en 1943).
- Nombre de communistes intègrent la Résistance, surtout après l'attaque de l'URSS (22 juin 1941).
- Ennemis du Reich, les résistants courent de très grands dangers : arrestations, tortures, déportations, exécutions.

B Les actions de la Résistance

• Organisés en maquis armés et en réseaux clandestins, les résistants harcèlent les forces d'occupation, sabotent les voies ferrées. Ils organisent des filières d'évasion pour des résistants ou des Juifs en danger.

• Ils font contrepoids à la propagande en diffusant tracts et journaux. Ils renseignent les Alliés sur les dispositifs militaires de l'occupant.

3 Libération et refondation de la République

A La Résistance prépare la Libération

• En mars 1944, les différents réseaux se regroupent dans les Forces françaises de l'intérieur (FFI).

• 2 juin 1944 : de Gaulle crée le Gouvernement provisoire de la République française (GPRF) qui comprend des représentants de toutes les composantes politiques de la Résistance.

B Le débarquement et la Libération

• Dès le débarquement en Normandie (6 juin 1944), les FFL combattent avec les Alliés. Les FFI ralentissent l'envoi des renforts allemands (destruction de voies ferrées...). Devançant les Alliés, ils libèrent certains territoires. En réaction, l'armée allemande massacre des otages et détruit des maquis.

• Le 19 août 1944, les Parisiens se soulèvent, appuyés par la division des FFL du général Leclerc. Le 25 août 1944, l'armée allemande à Paris signe sa reddition.

C Le GPRF rétablit les valeurs républicaines

• Le GPRF restaure l'État de droit. Il envoie des « commissaires de la République » dans les départements et crée des tribunaux qui procèdent à une épuration des collaborateurs.

• Il rétablit le suffrage universel et les femmes obtiennent le droit de vote en 1944.

• Il engage des réformes sociales et économiques importantes : création de la Sécurité sociale, nationalisation des transports, de l'énergie et des banques.

• En octobre 1946, la Constitution de la IVe République est adoptée par référendum. Son préambule affirme de nouveaux droits sociaux : droit au travail, à la protection de la santé.

► **Défendue par la Résistance, la République est « refondée » à la Libération. Selon de Gaulle, « elle n'avait jamais cessé d'être » à travers la France Libre et la Résistance.**

LA V^{E} RÉPUBLIQUE : 1958-1965, 1ER MANDAT DU GÉNÉRAL DE GAULLE

Comment de Gaulle parvient-il à stabiliser les institutions de la France et à jeter les bases d'une France prospère ?

1 La fondation de la Ve République

A La crise du 13 mai 1958

- La population européenne d'Alger craint l'abandon de l'Algérie par la métropole. Soutenue par des officiers français, elle prend le pouvoir à Alger le 13 mai 1958.
- En l'absence de majorité parlementaire solide, l'opinion publique semble favorable à un retour au pouvoir du général de Gaulle qui, par sa personnalité et son autorité, apparaît seul capable de résoudre cette crise.
- Le 1er juin 1958, l'Assemblée nationale nomme de Gaulle président du Conseil et lui octroie les pleins pouvoirs constituants. C'est la fin de la IVe République.

B La fondation de la Ve République

- Le texte de la Constitution de la Ve République, élaboré par de Gaulle et des juristes, est approuvé par 79 % des Français lors d'un référendum, en octobre 1958.
- En décembre 1958, de Gaulle est élu président de la République par un collège de Grands électeurs.

C Le pouvoir présidentiel renforcé

Tout en maintenant le régime parlementaire, la Constitution de la Ve République dote le Président de pouvoirs très étendus. Il peut dissoudre l'Assemblée nationale. En cas de crise grave, il dispose de pouvoirs exceptionnels (article 16). Il peut consulter le peuple par référendum.

2 La conception gaullienne du pouvoir

A Une relation directe avec les Français

- Le recours au référendum permet un exercice direct de la souveraineté nationale.
- Afin de renforcer la légitimité du Président par son élection au suffrage universel direct, de Gaulle soumet cette réforme au référendum en 1962. Elle est approuvée par 62 % des électeurs.

• Par des messages télévisés, des conférences de presse, des voyages fréquents en province, de Gaulle explique et justifie régulièrement sa politique.

B Un régime semi-présidentiel

• L'élection des députés au scrutin uninominal majoritaire à deux tours favorise les grands partis politiques. En l'absence d'une opposition unie, les partis gaullistes disposent d'une large majorité et de gouvernements stables dont les orientations sont définies par le Président.

• De Gaulle se réserve la Défense, la politique extérieure et la décolonisation. Les États d'Afrique subsaharienne accèdent à l'indépendance en 1960 et l'Algérie en 1962.

3 Une France puissante

A La prospérité économique

• L'essor économique est important (croissance de 5 % par an).

• Le pays s'équipe de centrales nucléaires et de complexes industrialo-portuaires (Dunkerque, Fos-sur-Mer).

• Par des crédits, l'État favorise des projets ambitieux : le paquebot *France*, l'avion supersonique Concorde.

• Des groupes industriels de taille internationale se concentrent : Rhône-Poulenc, Saint-Gobain.

• Afin de réduire les déséquilibres régionaux, la Délégation à l'aménagement du territoire et à l'action régionale (DATAR) est créée en 1963.

• Un franc fort est créé avec le nouveau franc en 1959.

B La société de consommation

• Le niveau de vie des Français augmente et la population entre dans l'ère de la société de consommation.

• Mais des inégalités sociales et sectorielles demeurent, révélées par des grèves et des manifestations, corrigées partiellement par la politique sociale : le relèvement du salaire minimum interprofessionnel garanti (le SMIG en 1950) et la scolarité obligatoire jusqu'à 16 ans, en 1959.

En 1965, la France a retrouvé une stabilité politique. Elle s'est dotée de solides institutions au pouvoir présidentiel renforcé. Elle a aussi mis en place d'importants moyens de développement économique.

25

LA V^{E} RÉPUBLIQUE : 1965-1969, 2nd MANDAT DU GÉNÉRAL DE GAULLE

Quelle évolution politique la France connaît-elle de 1965 à 1969 ?

1 Une politique d'indépendance et de grandeur

A L'affirmation de l'indépendance nationale

- De Gaulle souhaite une France forte, affranchie du monde bipolaire et de l'influence des États-Unis sur l'Occident.
- Gage de son indépendance stratégique, la France se dote en 1960 de la bombe atomique.
- En 1966, elle retire ses troupes de l'OTAN, mais reste membre de l'Alliance atlantique. De Gaulle condamne les États-Unis engagés dans la guerre du Viêt Nam.
- Il pratique une politique d'accords bilatéraux et approfondit le dialogue avec la RFA, noué dès 1962. Il se rapproche de l'URSS et reconnaît la Chine en 1964.

B Une politique européenne mesurée

Dans le cadre de la construction européenne, de Gaulle souhaite une « Europe des nations » et refuse une Europe supranationale qui soumettrait la France aux institutions européennes. Mais il refuse l'entrée du Royaume-Uni dans la CEE, estimant cet État trop lié aux États-Unis.

2 L'usure du pouvoir

A L'élection présidentielle de 1965

- Par des taux d'abstention importants, les Français marquent un certain désintérêt pour la vie politique.
- La popularité de De Gaulle s'effrite. En 1965, mis en ballotage au premier tour de l'élection présidentielle, il est élu au second tour avec 55 % des voix, face à François Mitterrand.
- Les partis du centre s'organisent avec Valéry Giscard d'Estaing et la gauche commence à se regrouper en 1966 autour de F. Mitterrand.
- Aux élections législatives de 1967, les gaullistes ne disposent que d'une majorité relative à l'Assemblée nationale.

B Un malaise latent

- L'activité économique tend à ralentir. Le chômage augmente. En 1967, une Agence nationale pour l'emploi et un système d'allocations-chômage sont créés.
- L'essor économique ne profite pas à tous et le climat social est tendu. Grèves et manifestations traduisent l'inquiétude des milieux professionnels qui ont des difficultés d'adaptation : les mines, le textile, l'agriculture.

3 Mai 1968 et la démission de De Gaulle

A La phase étudiante

- Elle débute par des mouvements d'étudiants qui aspirent à plus de liberté dans tous les domaines. Ils contestent la société de consommation, les inégalités sociales et les institutions.
- Les universités font grève et des manifestations étudiantes éclatent, souvent très violentes.

B La phase sociale

- La crise gagne le monde du travail. La France est paralysée par des grèves massives avec occupation des usines.
- Le Premier ministre Georges Pompidou signe avec les syndicats les accords de Grenelle qui prévoient des augmentations de salaires et un exercice plus libre du droit syndical.

C La phase politique

La gauche, avec Pierre Mendès France et F. Mitterrand, réclame le départ du général de Gaulle. Celui-ci annonce fermement qu'il ne se retirera pas et dissout l'Assemblée nationale. Aux élections de juin 1968, les Français, inquiets du désordre, votent massivement pour les gaullistes.

D La démission du général de Gaulle

En 1969, 53 % des Français votent « non » au référendum sur la régionalisation et sur la réforme du Sénat. Ayant annoncé qu'il quitterait le pouvoir si le « non » l'emportait, de Gaulle démissionne le 28 avril 1969.

▶ Durant la première décennie de la Ve République, l'autorité de l'État a été stabilisée et le rôle de la France dans le monde restauré. Par l'exercice d'un pouvoir présidentiel fort, le général de Gaulle a marqué durablement le fonctionnement des institutions de la Ve République.

LA Vᴱ RÉPUBLIQUE : L'APRÈS DE GAULLE (1969-1981)

La droite modérée reste au pouvoir. Quelles politiques ont été menées dans la lutte contre la crise ?

1 Georges Pompidou (1969-1974) : une politique consensuelle

A Une politique extérieure plus ouverte

- G. Pompidou est soutenu par les centristes. Sa politique est plus favorable aux États-Unis.
- Il poursuit la construction européenne et, en 1973, accepte l'adhésion du Royaume-Uni à la CEE.

B Une politique intérieure basée sur le dialogue

- Pour répondre à certaines revendications exprimées en mai 1968, son Premier ministre Jacques Chaban-Delmas lance le projet d'une « nouvelle société » qui concilierait libéralisme et solidarité. Il favorise une « politique contractuelle » d'accords entre les salariés et le patronat. Les bas salaires sont relevés et le SMIG est remplacé par le SMIC (salaire minimum interprofessionnel de croissance), indexé sur la croissance.
- Dans une économie en forte croissance, G. Pompidou encourage la modernisation de l'industrie et la concentration d'entreprises européennes (Airbus).

2 Valéry Giscard d'Estaing (1974-1981) : libéralisme et modernisme

A Un Président centriste

- V. Giscard d'Estaing est élu président de la République au second tour contre F. Mitterrand, candidat de la gauche. Ce dernier présentait un programme commun avec le parti socialiste, les radicaux et le parti communiste.
- Le nouveau Président est un centriste, il doit gouverner avec les gaullistes et nomme Jacques Chirac Premier ministre.

B Des mesures sociales novatrices

- Le Président veut privilégier les questions de société et établir une « société libérale avancée ».

• Le droit de vote est accordé aux plus de 18 ans. Le Collège unique est créé. La procédure de divorce est assouplie. L'interruption volontaire de grossesse est légalisée (loi Veil). La Sécurité sociale est généralisée. L'écart entre les salaires est réduit. Une aide est apportée aux handicapés et aux familles.

C La droite modérée moins unie

En 1976, le désaccord s'installe entre le Président et son Premier ministre J. Chirac qui regroupe les gaullistes dans le Rassemblement pour la République (RPR), tandis que l'Union pour la démocratie française (UDF) réunit les partis centristes derrière le président de la République.

3 Vie politique et crise économique

A Les aspects de la crise mondiale

• En 1974, une grande dépression frappe les pays industrialisés en raison des désordres monétaires, du premier choc pétrolier (1973) et de la concurrence industrielle et commerciale de pays du tiers-monde.

• En France, la crise se traduit par un nombre croissant de chômeurs (900 000 en 1975 et 2 millions en 1981), par un recul général de la production industrielle dans les secteurs anciens (mines, chantiers navals, sidérurgie, textile), par une forte inflation et par une balance commerciale déficitaire.

B La lutte contre la crise

• En 1975, J. Chirac tente de relancer la consommation (augmentation des salaires, baisse des taux de crédit).

• En 1976, Raymond Barre, devenu Premier ministre, entreprend une politique de rigueur (lutte contre l'inflation par le blocage des prix, par l'encadrement des salaires).

• En 1978, R. Barre tente un retour au libéralisme en réduisant le rôle de l'État dans l'économie : la liberté des prix est rétablie et les charges sociales sont allégées pour favoriser l'investissement et rendre les entreprises plus compétitives.

• Cependant, la croissance économique stagne, le chômage et l'inflation demeurent élevés.

L'usure du pouvoir, exercé depuis 23 ans par la droite modérée, et la faible efficacité des politiques anti-crise renforcent l'influence de la gauche dans l'opinion publique.

LA Vᴱ RÉPUBLIQUE : ALTERNANCES ET COHABITATIONS (1981-2007)

Quels sont les changements de la vie politique entre 1981 et 2007 ?

1 1981-1988 : le 1er mandat de F. Mitterrand

En 1981, avec les élections de F. Mitterrand et d'une Assemblée nationale socialiste, la gauche accède au pouvoir après 23 ans d'exercice du pouvoir par la droite : c'est l'alternance.

A 1981-1982 : les mesures du « changement »

- La peine de mort est supprimée.
- La semaine de 39 heures de travail, la 5e semaine de congés payés et la retraite à 60 ans sont décidées.
- Le SMIC et les allocations familiales sont augmentés pour relancer la consommation et ainsi réduire le chômage.
- De grands groupes bancaires et industriels sont nationalisés afin que l'État puisse intervenir directement dans l'économie.

B 1982-1986 : la politique de rigueur

Le chômage croissant et l'inflation obligent le gouvernement à appliquer une politique de rigueur avec le blocage des prix et des salaires.

C 1986-1988 : la 1re cohabitation

En 1986, la droite l'emporte aux élections législatives. F. Mitterrand, Président de gauche, doit nommer un Premier ministre de droite (J. Chirac) : c'est la cohabitation. Le partage du pouvoir exécutif s'effectue sans trop de heurts.

2 1988-1995 : le 2nd mandat de F. Mitterrand

A 1988-1993 : des mesures de solidarité

- Michel Rocard crée le RMI (revenu minimum d'insertion) et un nouvel impôt sur tous les revenus, la CSG (contribution sociale généralisée).
- La mondialisation fragilise l'économie et le chômage ne diminue pas. La popularité de la gauche est entamée.

B 1993-1995 : la 2e cohabitation

Aux élections législatives (1993), la droite l'emporte. Le Premier ministre Édouard Balladur applique une politique de rigueur.

3 Un nouveau paysage politique

- Depuis les années 1970, on note l'émergence de partis à l'extrême gauche et à l'extrême droite avec le Front national (FN), au programme nationaliste et défavorable à l'UE.
- La droite est partagée entre le RPR (Rassemblement pour la République) et l'UDF (Union pour la démocratie française).
- À gauche, le parti socialiste est prépondérant. Le parti communiste est moins influent depuis la chute du communisme.

4 1995-2007 : alternance et cohabitation

A 1995-1997 : éphémère retour de la droite

- En 1995 commence la 2e alternance avec l'élection à la présidence de la République du candidat de droite, J. Chirac.
- En 1997, il engage une réforme de la Défense nationale qui prévoit la fin de la conscription obligatoire.

B 1997-2002 : 3e cohabitation

- En 1997, J. Chirac dissout l'Assemblée nationale. La gauche l'emporte et Lionel Jospin devient Premier ministre.
- Le Président se réserve les affaires étrangères sur lesquelles il y a consensus avec L. Jospin. Mais en politique intérieure, les divergences sont nettes quand sont instaurés les Emplois jeunes et la semaine de 35 heures de travail en 2000.
- En 2000, les Français approuvent par référendum la réduction du mandat présidentiel de sept à cinq ans.

C L'élection présidentielle de 2002

- Depuis la fin des années 1990, on observe des taux d'abstention croissants et une progression des partis extrêmes.
- Lors de l'élection présidentielle de 2002, L. Jospin est éliminé au 1er tour. Le candidat du FN, J.-M. Le Pen, est présent au 2nd tour. Après des manifestations de défense des valeurs républicaines, 82 % des électeurs élisent J. Chirac.

D Le deuxième mandat J. Chirac (2002-2007)

La décentralisation est relancée, la lutte contre le chômage se poursuit et une réforme des retraites est adoptée.

▶ De 1981 à 2007, la vie politique est dominée par les difficultés économiques et leurs conséquences. Gauche et droite tentent de les résoudre. Alternances et cohabitations attestent la solidité des institutions de la Ve République.

BILAN EXPRESS
LA VIE POLITIQUE EN FRANCE

Vocabulaire

• **L'alternance** : accession au pouvoir d'un président de la République ou d'une majorité parlementaire d'une tendance politique opposée à celle qui a précédé.
• **La cohabitation** : situation politique dans laquelle le président de la République et le gouvernement (issu de la majorité parlementaire) sont de tendances politiques opposées.

Les présidents de la Vᵉ République

• **Charles de Gaulle (1958-1969)** : En 1944, il est chef du GPRF et démissionne en janvier 1946. Rappelé au pouvoir lors de la crise du 13 mai 1958, il crée les institutions de la Vᵉ République. Il met fin à la décolonisation et pratique une politique de grandeur et d'indépendance de la France. Ébranlé par la crise de mai 1968, il démissionne en 1969.

• **Georges Pompidou (1969-1974)** : Il exerce le mandat présidentiel durant une période de forte expansion économique.

• **Valéry Giscard d'Estaing (1974-1981)** : Centriste, il tente d'accompagner les changements de la société par des mesures libérales. Son septennat coïncide avec les débuts de la crise mondiale (1ᵉʳ choc pétrolier en 1973).

• **François Mitterrand (1981-1995)** : Il est le premier Président socialiste élu sous la Vᵉ République. Il est réélu en 1988. Sa politique novatrice en matière économique et sociale se heurte au chômage et à l'inflation. Durant ses deux mandats, il partage le pouvoir exécutif (cohabitation) avec les Premiers ministres J. Chirac (1986-1988) et E. Balladur (1993-1995).

• **Jacques Chirac (1995-2007)** : Il dissout l'Assemblée nationale en 1997 et la gauche remporte les élections. Commence alors une 3ᵉ cohabitation avec le Premier ministre L. Jospin. En 2002, il est réélu Président face J.-M. Le Pen.

• **Nicolas Sarkozy (2007-2012)** : Dès 2008, il doit faire face à une crise financière et économique qui ébranle le monde.

La République et l'extension des droits

		IIIe République (1870-1940)	Gouvernement provisoire (1944-1946) IVe République (1946-1958)	Ve République (depuis 1958)
Droits du travail	Temps de travail hebdomadaire	1919 : 48 heures 1936 : 40 heures		1982 : 39 heures 2000 : 35 heures
	Salaire minimum		1950 : salaire minimum interprofessionnel garanti (SMIG)	1970 : salaire minimum interprofessionnel de croissance (SMIC)
	Congés payés	1936 : 2 semaines	1956 : 3 semaines	1968 : 4 semaines 1982 : 5 semaines
Droits sociaux fondés sur la solidarité	Droit aux soins médicaux		1945 : création de la Sécurité sociale	
	Droit au travail			1958 : création de l'assurance chômage
	Droit à la retraite			1982 : départ à la retraite fixé à 60 ans 2010-2011 : départ à la retraite fixé à 62 ans en 2017
	Droit à un revenu décent			1988 : revenu minimum d'insertion (RMI) 2009 : revenu de solidarité active (RSA)
	Droit à l'enseignement	1936 : scolarité obligatoire de 6 à 14 ans		1959 : scolarité obligatoire de 6 à 16 ans 1975 : Collège unique (loi Haby)
Droits politiques			1944 : droit de vote des femmes	1974 : droit de vote à 18 ans

HABITER LA FRANCE : LES AIRES URBAINES

Quelles sont les formes et les dynamiques de l'urbanisation sur le territoire français ?

1 La France, un territoire d'urbains

A Les Français vivent en majorité dans une aire urbaine

• Aujourd'hui une ville, ou unité urbaine, ne se définit plus par son nombre d'habitants. Elle intègre désormais les espaces dans lesquels les populations ont un mode de vie urbain : elles y travaillent, s'y déplacent mais n'y résident pas toujours. Les espaces organisés par les villes couvrent ainsi 41 % de la superficie du territoire.

• 82 % de la population française vit dans une aire urbaine, c'est-à-dire un espace constitué d'un pôle urbain et d'une couronne périurbaine (les banlieues non comprises dans l'agglomération). La France compte 41 grandes aires urbaines.

B L'urbanisation du territoire s'accompagne d'une métropolisation

• L'urbanisation s'accompagne d'un regroupement des fonctions de commandement, de décision et de services très diversifiés (formation, recherche, administrations, santé). Ce processus se nomme la métropolisation et se développe dans les villes engagées dans la compétition européenne et mondiale : Paris, Lille, Strasbourg, Marseille et Lyon.

• Paris domine l'armature urbaine. Avec près de 10 millions d'habitants, c'est la seule métropole de rang mondial en France. Il n'y a ensuite que 3 métropoles de plus d'un million d'habitants : Marseille, Lyon et Lille.

• D'autres métropoles régionales, entre 100 000 et 1 millions d'habitants, encadrent leur espace régional : Toulouse, Strasbourg, Bordeaux, Rennes, Montpellier. Les villes moyennes (moins de 20 000 habitants), sont en recul mais proposent des services quotidiens de proximité (commerces, professions libérales) et abritent 50 % des urbains.

2 L'étalement spatial des villes : la périurbanisation

A L'étalement urbain

• L'attrait pour un meilleur cadre de vie, la hausse des prix de l'immobilier des centres-villes et le développement des moyens de transport ont entraîné l'étalement des villes : on parle de **périurbanisation**. La croissance urbaine s'étend jusqu'à 25 km du centre pour les villes moyennes, jusqu'à 60 km pour les métropoles régionales et plus de 100 km pour Paris.

• L'extension des villes est à l'origine de nouvelles dynamiques : les communes périurbaines ont surtout une fonction résidentielle et abritent des espaces spécialisés (zones industrielles) mais aussi des équipements lourds (stations d'épuration, usines). De nouveaux centres urbains émergent autour des parcs de loisirs (Disney land), des aéroports et des centres commerciaux (Val d'Europe). La ville compte désormais plusieurs centres : on dit qu'elle est **polycentrique**.

B Une mobilité accrue des habitants

• Les transports à grande vitesse, la multiplication des voies rapides et des réseaux de transport ont modifié le rapport des Français avec leurs **territoires du quotidien**. Les **distance-temps** se sont réduites et les espaces traversés quotidiennement se sont étendus.

• À l'échelle locale, les mobilités pendulaires (ou navettes) s'intensifient. Les Français parcourent en moyenne 43 km pour se rendre de leur domicile à leur lieu de travail et franchissent régulièrement les limites de leur département grâce aux lignes à grande vitesse.

• Aujourd'hui, l'étalement urbain est remis en cause par la prise en compte du développement durable : il provoque des pollutions atmosphériques, une artificialisation des espaces et des coûts très élevés en infrastructures de transport.

La population française est essentiellement urbaine. Ce processus d'urbanisation s'est accompagné du renforcement du poids des métropoles et de l'essor des mobilités spatiales. Les aires urbaines sont de plus en plus étalées et polycentriques.

HABITER LA FRANCE : LES ESPACES RURAUX

Les espaces ruraux connaissent de profondes mutations liées à l'influence des villes. Comment celles-ci transforment-t-elles ces espaces ?

1 Les espaces ruraux, espaces de vie

A Des espaces de travail et de vie pour les ruraux

• L'espace rural se caractérise par une densité de population assez faible, des paysages où domine la végétation et une activité agricole visible dans les paysages (50 % de la superficie du territoire national).

• Si les ruraux représentent 18 % de la population, ils ne sont que 3,3 % à travailler dans l'agriculture. La majorité travaille dans le secteur des services et de l'industrie (commerce, artisanat, BTP), les soins aux personnes, les emplois fournis par les collectivités territoriales et l'accueil de touristes.

B Des espaces de loisirs et de tourisme pour les urbains

• L'attrait pour la nature et l'augmentation du temps libre se traduit par une plus grande fréquentation des espaces ruraux. Les résidences secondaires et le phénomène de « double résidence » se multiplient, surtout dans les régions bien desservies par les transports.

• Les urbains sont de plus en plus adeptes du « tourisme vert » (randonnées, baignades, camping à la ferme) qui représente 35 % des pratiques touristiques. L'offre diversifiée des hébergements, les lignes de TGV et les aéroports régionaux ouverts aux vols à bas coût (low cost) facilitent l'accueil des touristes.

2 Les espaces ruraux se transforment

A L'essor du rural périurbain

• Il n'existe pas un seul mais plusieurs types d'espace rural : ceux-ci se sont transformés à mesure que les espaces urbains se sont étalés, grignotant les superficies agricoles. Leurs aspects changent en fonction de la proximité des villes dont les limites sont de plus en plus floues.

• Les campagnes périurbaines sont les plus dynamiques. C'est le cas autour de Bordeaux, Toulouse, Lyon, Nantes ou Marseille. Souvent peuplées de « néoruraux », citadins ayant quitté les villes où ils continuent souvent à travailler, ces espaces se sont rajeunis. Les emplois dans les services se sont substitués aux emplois agricoles et industriels.

B Les espaces ruraux dynamiques

• Les espaces ruraux touristiques connaissent une « renaissance » : leurs atouts naturels ou culturels sont mis en valeur, notamment dans le sud et dans les Alpes.

• Les espaces ruraux tournés vers les productions agroalimentaires intensives (Bretagne, Bassin parisien, régions viticoles) sont également très dynamiques.

C Le « rural profond » à l'écart de l'influence des villes

• Sur plus d'un tiers du territoire, des espaces ruraux isolés connaissent un déclin démographique et un vieillissement de leurs habitants. Il devient peu rentable d'y maintenir des services publics et la présence de commerces et de médecins y est de plus en plus rare.

• Cette « France du vide », des Pyrénées aux Ardennes, est aidée par l'État. Leur classification en parc naturel national, régional, ou en zone de revitalisation rurale leur octroie des subventions.

3 Les nouveaux espaces ruraux, sources de conflits

• Les espaces ruraux, de plus en plus convoités, sont devenus des lieux de conflits : entre les agriculteurs et les néoruraux à la recherche de terrains, entre les touristes et les agriculteurs à propos de l'accès à l'eau.

• Il y a donc un paradoxe entre la nécessité pour les espaces ruraux de s'ouvrir au tourisme, être faciles d'accès et équipés en structures d'accueil, et la nécessité d'être protégés, à l'abri d'une surfréquentation saisonnière, source de menaces pour l'environnement.

Les espaces ruraux connaissent des transformations liées à la proximité ou à l'éloignement des villes. De plus en plus convoités et aménagés, ils sont source de conflits entre leurs différents usagers.

LES RÉGIONS EN FRANCE

Les régions, territoires de proximité et acteurs majeurs de l'aménagement des territoires, sont devenues des espaces de vie de plus en plus intégrés à l'Union européenne. Quel est le rôle des régions dans l'organisation du territoire français ?

1 Les régions françaises : des espaces de vie

- La France compte 22 régions métropolitaines (Corse comprise) et 5 régions ultramarines. Elles ont été créées en 1955 pour constituer un échelon territorial intermédiaire entre l'État et le département. Elles sont devenues des collectivités territoriales par les lois de décentralisation de 1981-1982.
- Les régions regroupent plusieurs départements. Certaines sont très vastes, comme la région Midi-Pyrénées, tandis que d'autres comportent peu de départements comme l'Alsace.
- Les régions sont des territoires de vie pour ceux qui s'y déplacent au quotidien (lieux de résidence, de travail, de loisirs). L'attachement des Français à leurs régions est fort, surtout quand la région administrative correspond à une unité historique ou linguistique.
- Le découpage des régions ne respecte pas toujours les liens historiques entre les départements et les aires d'influences des villes. De plus, la multiplication des échelons administratifs complique la gestion du territoire. Un projet de redécoupage des régions est donc à l'étude. Il prévoirait de diminuer le nombre de régions en les faisant fusionner, tout en respectant leur histoire (ainsi la Loire-Atlantique, département attaché à l'histoire de la Bretagne, y serait rattaché administrativement), d'autres fusionneraient comme la Basse et la Haute-Normandie.

2 Les régions, des acteurs de l'aménagement des territoires

- Les régions possèdent des domaines de compétence variés qui se sont élargis depuis les lois de 2003-2004 : transports ferroviaires (TER, trains express régionaux), développement économique, logement, urbanisme, santé, formation professionnelle, financement des lycées (construction, rémunération des personnels techniques, achat des manuels et des équipements informatiques). Elles ont aussi la possibilité d'organiser des référendums locaux et mènent des actions en faveur du développement durable (Agenda 21 régionaux).

- Pour financer leurs missions, les régions disposent de recettes importantes : subventions de l'État dans le cadre de contrats État-région, taxes indirectes, impôts locaux.
- L'action régionale comprend néanmoins des limites. Leurs compétences se chevauchent avec d'autres collectivités, comme les départements (gestion des routes) et leurs budgets se sont réduits.

3 Des régions françaises intégrées à l'espace européen

- La région est l'échelon administratif de référence pour l'Union européenne. Afin de les rendre plus compétitives, attractives et soucieuses du développement durable, l'Union européenne mène une politique de soutien aux régions françaises.
- Les aides aux régions sont accordées par le FEDER (fonds européen pour le développement économique régional), même si l'État français reste l'intermédiaire incontournable.
- Dans le but d'intégrer davantage les régions françaises à l'Union européenne, celle-ci les encourage à la coopération transfrontalière et à la création d'Eurorégions. Il s'agit de développer les axes de transport, des projets communs, multiplier les échanges économiques et culturels entre les régions de part et d'autres des frontières.

La région apparaît de plus en plus comme un espace vécu, un territoire aménagé, identifié et approprié par ses habitants. Leur rôle est renforcé par la politique de décentralisation menée par l'État et par la politique de cohésion menée par l'Union européenne.

LA RÉGION ÎLE-DE-FRANCE

La région Île-de-France, région-capitale, exerce son influence sur tout le territoire et au-delà des frontières. En contrepartie de cette puissance, elle doit affronter de nombreux défis (étalement urbain, congestion des transports). Comment aménager la région pour renforcer sa puissance tout en répondant aux besoins de ses habitants ?

1 L'Île-de-France, la région capitale

A L'identité du territoire francilien

- La région Île-de-France est la 3e plus petite région de France (2,8 % du territoire) mais elle abrite 19 % de la population française métropolitaine. Elle est composée de 8 départements et de 1 281 communes, dont Paris, capitale de la France.
- L'Île-de-France exerce son influence sur les autres régions, mais aussi sur tout le Bassin parisien : tous les jours des milliers de « navetteurs » viennent d'une autre région pour leur travail, surtout vers Paris et l'ouest et le nord de la région.
- L'Île-de-France se caractérise par la jeunesse de ses habitants, leur dynamisme démographique, leur absence une partie de l'année de la région (pour leurs loisirs et congés), le temps passé dans les transports, un niveau de vie plus élevé que la moyenne nationale, mais aussi le stress et le coût élevé des logements.

B L'exceptionnelle concentration des hommes et des activités

- La puissance de l'Île-de-France s'explique par la concentration des hommes (11,7 millions d'habitants) et sa place dans l'économie du pays (29 % du PIB), soit plus que la production de richesses des Pays-Bas ou de la Grèce. 82 % de la population francilienne travaille dans les services en lien avec le tourisme, le tertiaire supérieur, les transports et la distribution.
- La région parisienne est la 1re région touristique du monde, avec des sites attractifs comme Paris, Versailles ou Disneyland. Elle regroupe également 40 % des emplois de recherche et 350 établissements d'enseignement supérieur. L'aéroport

de Roissy est un hub international qui dessert chaque jour 130 pays différents, surtout au sein de l'Union européenne. Enfin, cette région demeure la 1re région industrielle et agricole de France (45 % de sa superficie sont cultivés).

- La puissance de l'Île-de-France s'exprime aussi au niveau culturel et politique : Paris abrite les grands musées nationaux mais surtout les représentants de la nation (Élysée, Sénat, Assemblée nationale).

2 L'organisation du territoire de l'Île-de-France

- La région Île-de-France est organisée par l'influence de Paris, on dit qu'elle est polarisée. L'aire urbaine parisienne abrite 9,6 millions d'habitants. Elle s'étend sur les départements proches de la capitale et vers les anciennes villes nouvelles, le long des cours d'eau et des axes de communication. Au-delà, le territoire de l'Île-de-France est rural. On observe un fort déséquilibre entre l'Est et l'Ouest de la région (l'Ouest est plus riche, plus dynamique, mieux relié à la capitale).
- L'organisation de la région devient multipolaire : elle se place sous l'influence de nouveaux pôles périurbains (préfectures, aéroports), créateurs d'emplois mais également sources de nombreux déplacements de banlieue à banlieue (70 % des migrations régionales). Les réseaux de transport étant centralisés sur Paris, ces déplacements occasionnent une saturation des axes, des embouteillages et une forte pollution auxquels devrait répondre le projet du Grand Paris (nouvelles lignes de train et métropour relier les banlieues entre-elles et à Paris).

L'Île-de-France, malgré sa puissance à l'échelle nationale et internationale, souffre encore d'un manque de cohésion territoriale : fortement polarisée par Paris, ses dysfonctionnements nécessitent des politiques de rééquilibrages, surtout dans le domaine des transports.

RESSOURCES ET CONTRAINTES DU TERRITOIRE FRANÇAIS

Le territoire français présente une situation géographique privilégiée et une grande variété de milieux. Ceux-ci présentent des atouts mais aussi des contraintes, qui peuvent présenter des risques dont il convient de se protéger. Quelles potentialités offre le territoire français ?

1 Les ressources du territoire français et leur mise en valeur

A Une situation géographique privilégiée

• La France est située à l'ouest de l'Europe, en position de « carrefour » entre l'Europe du Sud et du Nord-Ouest car elle possède des frontières avec six États (Belgique, Luxembourg, Allemagne, Suisse, Italie et Espagne). Son territoire s'ouvre sur quatre façades maritimes : la mer du Nord, la Manche, l'océan Atlantique et la mer Méditerranée. Cette situation fait de la France un pays de transit : elle est ouverte aux grandes routes maritimes et traversée de nombreux flux migratoires. Chaque année, elle accueille environ 200 000 personnes à la recherche d'un travail et plus de 76 millions de touristes, mais aussi de nombreux européens qui achètent des résidences secondaires.

• La France inclut des territoires lointains, héritages de son passé colonial : DROM et COM assurent une présence stratégique de la France dans le monde et lui permettent de disposer d'une vaste zone économique exclusive (ZEE) qui lui fournit de nombreuses ressources.

B Des milieux variés, mis en valeur

• À l'ouest de la ligne Metz-Biarritz dominent les paysages de plaines et de plateaux, favorables aux activités humaines. À l'est s'élèvent des moyennes et hautes montagnes, mais ces dernières sont localisées aux périphéries du territoire (Pyrénées, Alpes, Jura).

• La majorité du territoire est sous l'influence du climat océanique (été frais, hiver doux et régulièrement arrosé). Favorable aux activités agricoles, il ne présente pas de contrainte majeure (sauf les tempêtes). Le climat océanique se dégrade progressivement vers l'est où il devient semi-continental (froid et sec l'hiver, chaud et sec l'été). Au sud, le climat méditerranéen (été chaud et sec, hiver doux et humide) permet les cultures maraîchères et viticoles, et l'ensoleillement est un atout pour le tourisme et la production d'énergie solaire.

- La majorité de la France d'outre-mer se situe dans la zone intertropicale (climats chauds et inégalement humides): ces climats permettent des cultures de plantation (Antilles), le tourisme (Réunion, Antilles), fournissent de nombreux minerais (Nouvelle-Calédonie), abrite des bases scientifiques (Guyane).

2 Des contraintes à prendre en compte pour prévenir les risques

- Le territoire français, la plupart du temps aménagé par l'homme, ne présente pas de contrainte majeure. Cependant, des risques existent. Ils peuvent être d'origine naturelle (tempêtes créant des inondations, avalanches, sécheresse favorisant les feux de forêt) ou technologiques (créés ou aggravés par l'homme, comme les marées noires).
- Depuis 1995, des plans de prévention des risques (PPR), obligatoires, recensent et localisent les risques et mettent en place des dispositifs d'alerte, d'évacuation et de secours. Mais l'homme cherche aussi à protéger des espaces menacés : c'est la raison pour laquelle des réserves naturelles et des parcs naturels ont été créés depuis les années 1960. Dans les années 1980 et 1990, la loi Montagne, la loi Littoral et la loi sur l'eau ont tenté de concilier la protection de l'environnement et les impératifs économiques.

Le territoire français offre une grande variété de paysages liée aux reliefs et à la diversité climatique. Si son territoire présente quelques contraintes, celle-ci sont aménagées de manière à valoriser les milieux.

LA POPULATION FRANÇAISE

En 2012, la France compte 65 millions d'habitants répartis très inégalement sur le territoire. Par son dynamisme démographique et ses contrastes de peuplement, elle constitue un cas original en Europe. Quelles sont les évolutions spatiales et démographiques de la population française ?

1 Une population inégalement répartie

• Avec une densité de 110 hab./km^2, la France est le pays le moins densément peuplé de l'Union européenne. La population est cependant très inégalement répartie sur le territoire : les fortes densités (plus de 500 hab./km^2) correspondent aux grandes aires urbaines, souvent localisées dans les vallées fluviales et sur les littoraux (région parisienne, Alsace-Lorraine, vallée du Rhône, littoral méditerranéen et atlantique). Inversement, les Alpes, le Jura et une diagonale de faible densité (moins de 25 hab./km^2), des Ardennes aux Pyrénées, forment la « France du vide ».

• Le peuplement s'explique par l'histoire : au XIXe siècle, l'industrialisation a poussé les habitants des campagnes vers les villes du Nord et de l'Est de la France (exode rural). L'urbanisation s'est poursuivie tout au long du XXe siècle, vidant les territoires les plus isolés. Enfin, le développement d'une agriculture nécessitant peu de main-d'œuvre, dans le Bassin parisien, la Champagne et les Ardennes, explique le faible peuplement.

2 Une population de plus en plus mobile

A À l'échelle nationale

• À l'échelle de la France, la carte des soldes migratoires oppose les régions du Sud et de l'Ouest, attractives, aux régions du Nord et du Nord-Est qui perdent des habitants.

• L'attractivité du Sud, aussi appelé héliotropisme, s'explique par la proximité de la mer, l'ensoleillement et surtout le développement des activités comme le tourisme ou le tertiaire supérieur autour et au sein des grandes agglomérations.

• À l'opposé, les régions du Nord et de l'Est souffrent de désindustrialisation et de la fermeture des derniers bassins sidérurgiques. Quant à l'Île-de-France, même si elle continue d'attirer de jeunes actifs, elle perd les personnes âgées qui vont vers le Sud ou les familles qui fuient les problèmes de logement et de transport.

B À l'échelle régionale et locale

- Les Français deviennent de plus en plus mobiles. Environ 2 % d'entre eux changent de région au cours d'une année. Les mobilités quotidiennes sont également très importantes puisqu'elles concernent plus de 60 % des actifs du fait de l'éloignement croissant entre le lieu de résidence et celui du travail.
- Même si la périurbanisation se poursuit, on assiste à un renouveau de l'attractivité des centres-villes (sauf Paris) en raison de la rénovation et de la réhabilitation des quartiers anciens : on parle de « gentrification ».

3 Les dynamiques démographiques

- En 2012, 65,3 millions d'habitants peuplent la métropole et les départements d'outre-mer. En 2011, la population a augmenté de 0,5 % (349 000 personnes), au même rythme que les années précédentes. Le taux de fécondité est parmi les plus élevé d'Europe, même si l'âge de la maternité recule (30 ans pour un premier enfant).
- Si la population française continue de vieillir, la situation actuelle de la fécondité, à 2,01 enfant par femme, est plutôt satisfaisante. Elle est due à la politique de la petite enfance (constructions de crèches permettant aux mères de poursuivre une activité professionnelle), à des mesures fiscales (allocations familiales, baisse des impôts)et au dynamisme démographique des immigrés.
- À la naissance, les femmes peuvent espérer vivre jusqu'à 84,8 ans en moyenne et les hommes jusqu'à 78,2 ans. L'espérance de vie continue de s'allonger du fait des progrès de la médecine, d'un système de santé performant et de la prise en charge des personnes âgées.

Le peuplement du territoire français est inégal. Ce peuplement évolue sous l'effet des migrations intérieures et de la croissance démographique.

BILAN EXPRESS
HABITER LA FRANCE

Les définitions de base

- **Collectivités territoriales :** administrations qui prennent en charge les intérêts des populations dans un territoire précis (conseil municipal, général, régional). Elles disposent de représentants élus, d'un budget et de compétences qui leur sont propres.
- **Décentralisation :** transfert des compétences de l'État vers les collectivités territoriales (régions, départements, communes).
- **Densités :** nombre d'habitants vivant sur un territoire d'un kilomètre carré.
- **Distance-temps :** temps nécessaire pour parcourir une distance.
- **Hub :** grand aéroport où convergent toutes les correspondances du réseau aérien mondial.
- **Pôle urbain :** agglomération formée d'une ville-centre et de ses banlieues.
- **Solde migratoire :** différence entre le nombre d'entrées et de sorties d'un territoire.
- **Tertiaire supérieur :** services caractérisés par un haut niveau de qualification et par les fonctions de décisions (banques, assurances, recherche, information, enseignement).
- **Villes nouvelles :** villes situées autour de Paris et de quelques villes françaises dont le but, à leur création, était de décongestionner la capitale et rééquilibrer la région.
- **Zone économique exclusive (ZEE) :** espaces maritimes qui s'étendent jusqu'à 200 milles nautiques (370 km) à partir des côtes dont l'exploitation est réservé à l'État côtier.

Un schéma clé

• L'organisation de la région Île-de-France

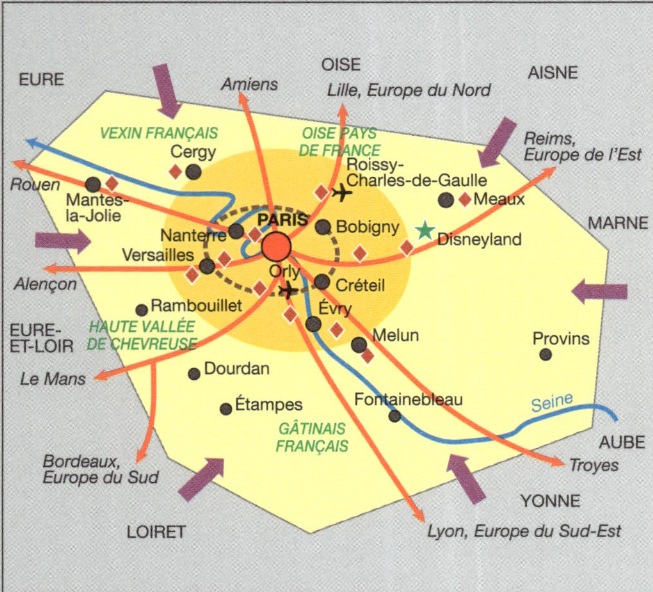

1. Une région dominée par Paris

- Paris, ville monde, capitale nationale et régionale
- Agglomération parisienne (pôle urbain)
- Aéroports internationaux
- Des axes de transport en étoile (autoroutes, LGV)
- Une attractivité mondiale et interrégionale

2. Une région à aménager

a) Proposer des aménagements compétitifs

- Renforcer les pôles économiques régionaux
- Parc à thème d'influence mondiale

b) Proposer des aménagements cohérents

- Maîtriser l'étalement urbain de Paris
- Renforcer les pôles secondaires
- Favoriser les mobilités de banlieues à banlieues (Grand Paris)

c) Proposer des aménagements durables

- PNR Protection des espaces périphériques : les parcs naturels régionaux
- Valoriser les berges de la Seine

LES ESPACES INDUSTRIELS EN FRANCE

L'industrie française est aujourd'hui située au 5e rang mondial et au 2nd rang européen. La réorganisation de ce secteur a entraîné une forte diminution et une redistribution des emplois industriels sur le territoire. Quel est le nouveau visage de l'espace industriel français ?

1 L'évolution de l'espace industriel : le poids des héritages

- L'héritage industriel du XIXe siècle est de moins en moins visible sur le territoire. Les industries étaient traditionnellement localisées dans les régions riches en matières premières (charbon, fer) qui offraient une main d'œuvre importante (Nord-Pas-de-Calais, Lorraine).
- L'essor industriel des Trente Glorieuses (1945-1973) a permis la modernisation de l'appareil productif (nucléaire, aérospatiale), mais la crise a touché les secteurs industriels traditionnels (sidérurgie, charbon, textile) au milieu des années 1970. La production et l'emploi industriel a chuté, les délocalisations à l'étranger se sont multipliées. Des activités nouvelles se sont implantées dans ces régions pour compenser les fermetures d'usines et réhabiliter les friches industrielles.
- Pour faire face à la crise et à la concurrence internationale, une politique de décentralisation industrielle est menée par l'État dans les années 1970 : l'aménagement de zones industrialo-portuaires (ZIP) du Havre ou de Dunkerque entraîne le glissement de la sidérurgie sur les littoraux. Des entreprises s'implantent dans l'Ouest et au Sud, de plus en plus attractif : aéronautique à Toulouse (Airbus), informatique en région PACA. C'est l'effet « sun belt ».

2 De nouvelles dynamiques industrielles

A Les facteurs de localisation ont changé

- Les régions qui sont situées à l'est d'une ligne Le Havre/Marseille demeurent les plus industrialisées mais de nouvelles logiques de localisation des espaces industriels s'imposent. La proximité d'une métropole est privilégiée par les industries de pointe. La ville offre en effet des services de qualité, une main-d'œuvre qualifiée et un accès facile aux moyens de transport rapides comme les autoroutes, le TGV ou l'avion.

- Le cadre de vie est déterminant : la proximité du littoral ou de la montagne est recherchée par les entreprises pour attirer des ingénieurs, des chercheurs et des cadres supérieurs.
- Enfin, les régions frontalières ou les zones portuaires sont dynamisées par la mondialisation et l'intégration européenne grâce à la proximité des marchés étrangers.

B Le nouvel espace industriel français

- Le centre industriel du pays reste localisé en Île-de-France et dans le couloir du Rhône. L'Île-de-France regroupe plus de 15 % des emplois industriels. Elle est au 1er rang pour la recherche et les industries de pointe. La région lyonnaise et le couloir rhodanien attirent les investissements étrangers. La périphérie atlantique (Bretagne, Normandie, Pays -de-la-Loire) est dotée d'industries de pointe et s'est tournée vers le secteur agroalimentaire.
- L'évolution la plus importante touche le développement rapide de parcs technologiques en zone périurbaine. Les activités y sont complémentaires : recherche et innovation (laboratoires), formation (universités, grandes écoles) et technologies de pointe. Ce sont des territoires d'innovation.
- Les pôles de compétitivité sont des associations d'entreprises, de centres de recherche et de formation engagés dans des projets communs. Il en existe aujourd'hui 11 sur le territoire national, créés par une loi de 2005 et soutenus par des aides financières de l'État.

▶ Deux régions dominent l'industrie française : l'Île-de-France et Rhône-Alpes, mais les régions du sud de la France, traditionnellement peu industrielles, se sont spécialisées vers les hautes technologies. Les régions du Nord et de l'Est connaissent une reconversion lente, tandis que l'Ouest profite de la décentralisation industrielle menée par l'État depuis la fin des années 1960.

LES ESPACES AGRICOLES FRANÇAIS

La France est la troisième puissance agricole européenne. Si elle emploie moins de 3 % de la population active, elle n'en demeure pas moins un secteur économique performant qui s'appuie sur une puissante industrie agroalimentaire intégrée à la mondialisation. Quelle est l'organisation de l'espace agricole français ?

1 Un puissant secteur économique

A La France, une grande puissance agricole

- L'agriculture occupe plus de 50 % de la superficie du territoire français, soit 27 millions d'hectares. Les productions sont variées et performantes : céréales, viandes (bœuf, volailles), sucre (betterave), vins, fruits et légumes.
- Depuis les années 1970, la production agricole française a augmenté de 40 % grâce à la mécanisation de la production, au remembrement des terres, à la recherche agronomique, à l'utilisation d'engrais et de pesticides qui ont permis d'augmenter les rendements.
- La PAC (Politique agricole commune de la communauté européenne, créée en 1962) a permis, en garantissant un revenu stable aux agriculteurs, la modernisation du secteur agricole français.
- L'agriculture s'appuie désormais sur une puissante industrie agroalimentaire dominée par de grandes firmes transnationales (comme Danone) et de nombreuses petites et moyennes entreprises, employant plus de 400 000 personnes.

B Un secteur qui connaît de profonds bouleversements

- Victime de son succès, la PAC a entraîné la mise en place d'une agriculture productiviste et multiplié les situations de surproduction. Aujourd'hui, la PAC reste la principale source de financement des agriculteurs sous la forme de subventions.
- L'agriculture est de plus en plus vulnérable face à la mondialisation. La concurrence internationale fait fluctuer les prix agricoles et le revenu moyen des agriculteurs baisse régulièrement (moins 20 % en dix ans). L'Allemagne et les Pays-Bas lui ont ravi la première place européenne.

• La population agricole est vieillissante et le nombre d'exploitants diminue (quatre millions dans les années 1950, 600 000 aujourd'hui). De moins en moins nombreux, les agriculteurs se trouvent à la tête d'exploitations toujours plus vastes.

2 Les espaces agricoles, entre spécialisation et mutation

• La modernisation de l'agriculture française a débouché sur une spécialisation des régions agricoles et le recul de la polyculture. Le Bassin parisien est une région de grande culture céréalière avec de vastes exploitations très modernes. Le Bassin aquitain produit également des céréales (maïs). L'ouest de la France s'est spécialisé dans la production laitière et l'élevage intensif hors-sol (porcs et de poulets). Les cultures délicates (vignes, fruits et légumes, fleurs) sont présentes dans les vallées de la Loire, de la Garonne et en Provence. Les régions de moyenne montagne sont des régions d'élevage bovin.

• Les nouvelles attentes des consommateurs pourraient modifier cette organisation régionale. Rejetant de plus en plus une alimentation sans saveur, dont la production est souvent néfaste pour l'environnement, ils sont de plus en plus nombreux à soutenir les expériences d'agriculture raisonnée (utilisant moins d'engrais et de pesticides), voire d'agriculture biologique (qui n'en utilise pas). Ils sont également nombreux à vouloir consommer des aliments locaux en se mettant en contact direct avec les producteurs.

L'agriculture française a connu, ces cinquante dernières années, de profondes mutations. Plus intégrés au complexe agroalimentaire et à la mondialisation, les espaces agricoles se sont spécialisés et les agriculteurs se sentent fragilisés. De nouveaux modes de consommation pourraient changer le paysage agricole français.

LES ESPACES DE SERVICES EN FRANCE

La croissance de l'emploi en France au cours des trente dernières années est essentiellement due à l'essor des services. Comment ceux-ci modifient-ils l'organisation des territoires ?

1 Des activités essentiellement urbaines

- En France, le secteur tertiaire (les services) représente les 2/3 des richesses produites et emploie 76 % de la population active. Les activités de services sont publics (organisés par l'État) ou privés. Dans ce cas, ils sont aux mains de grandes entreprises de taille mondiale (les FTN, firmes transnationales) ou d'une multitude de petites et moyennes entreprises (PME).
- À l'échelle nationale, les services sont surtout concentrés en ville et déterminent la hiérarchie urbaine : plus une ville offre de services rares et spécialisés, plus son influence est grande. Ainsi, les plus petites villes proposent des services élémentaires de proximité (supermarchés, boulangeries, collèges et lycées, médecins généralistes) tandis que les métropoles proposent des services appartenant au secteur tertiaire supérieur (enseignement supérieur, hôpital, conseils, médecins spécialistes, etc.).
- Ainsi, Paris, métropole de rang mondial, concentre les services culturels (musées, théâtres), les commerces de luxe, les sièges sociaux des entreprises, les services financiers situés dans le quartier d'affaire de La Défense.
- Certains services, consommant beaucoup d'espace, sont situés en périphérie des grandes villes, le long des axes de communication, où le prix de l'immobilier est moins cher : les aéroports, les centres commerciaux, les grandes salles de cinéma, les services de stockage. Grâce à l'essor des nouvelles technologies de l'information et des communications, les services aux entreprises se multiplient dans ces espaces périurbains.

2 L'évolution contrastée des activités de service

A Les territoires délaissés par les services

• Dans les espaces ruraux, la tendance actuelle est à la fermeture de services publics (écoles, bureaux de poste, gares, casernes, maternités) mais aussi privés (centres médicaux, commerces).

• Pour les espaces ruraux isolés, l'accessibilité aux services doit permettre d'éviter la « déprise rurale ». Des solutions de regroupement des activités sont parfois envisagées : création de maisons médicales rurales accueillant plusieurs médecins, offre commune de services publics. Ils sont souvent aidés financièrement par les communes.

B Des espaces récréatifs toujours plus nombreux

• Le tourisme occupe une place particulière parmi les activités de service. Il nécessite un déplacement des touristes vers des sites particuliers et des aménagements pour les accueillir.

• Les zones urbaines et périurbaines abritent les musées, les monuments historiques et les parcs d'attractions. Paris est le premier pôle d'accueil mais d'autres villes sont également des lieux du tourisme urbain (Strasbourg, Avignon, Lille).

• Les littoraux et les espaces ruraux à proximité des grandes villes sont privilégiés pour les séjours de courte durée et bien desservis par des axes de transport (Normandie).

• Les littoraux méditerranéens et atlantiques (40 % des séjours en France), les montagnes (17 % des séjours, surtout dans les Alpes du Nord) bénéficient de nombreuses infrastructures d'accueil.

• Le tourisme vert (rural) est plus diffus, souvent localisé en moyenne montagne.

L'essor des services contribue à recomposer la géographie des espaces productifs français. Les services sont un facteur de hiérarchisation des villes et de réorganisation des espaces urbains. Les métropoles concentrent les activités du tertiaire supérieur tandis que le dynamisme des espaces récréatifs varie en fonction de leur accessibilité et de leur proximité avec les consommateurs.

L'AGGLOMÉRATION PARISIENNE

Quels éléments font de Paris une ville mondiale et quels défis lui restent-ils à relever ?

1 L'agglomération parisienne concentre les pouvoirs

A Une métropole puissante

• L'agglomération parisienne regroupe la commune de Paris et les départements qui l'entourent : le Val-de-Marne, la Seine-Saint-Denis et les Hauts-de-Seine. Mais Paris exerce son influence bien au-delà de cette petite couronne : il est difficile de lui fixer des limites géographiques.

• L'agglomération parisienne abrite 9,6 millions d'habitants, dont 2,2 millions dans Paris. Elle concentre tous les lieux du pouvoir politique : palais de l'Élysée, Hôtel Matignon, Assemblée nationale, Sénat.

• Paris est aussi une métropole économique et culturelle. La richesse produite dans l'agglomération représente environ 29 % du PIB national. Les sièges sociaux de 14 des 20 premières entreprises françaises sont à La Défense, le centre d'affaires de la capitale. Paris accueille aussi de grandes universités et musées nationaux.

• Paris exerce son influence sur tout le territoire national. Les réseaux de TGV sont organisés en étoile autour de la métropole qui domine la hiérarchie urbaine.

B Une métropole de rang mondial

• La mondialisation renforce la concentration des hommes et des activités dans les grandes villes. Même si Paris est peu peuplée au regard des autres métropoles mondiales, elle fait néanmoins partie du groupe restreint des villes mondiales par l'importance de ses fonctions de commandement et sa capacité à rayonner dans le monde.

• Paris est la 1re ville touristique (27 millions de touristes par an). Son patrimoine culturel et architectural, les équipements de loisirs, de congrès et son accessibilité expliquent son attractivité.

• Paris est également un centre économique et financier : avec 3 millions de m^2 de bureaux, 3 500 entreprises et 15 FTN parmi les 50 premières du monde, le quartier de La Défense est le 1er quartier d'affaires européen. Elle est aussi la ville qui accueille le plus d'investissements étrangers au monde.

- Enfin, c'est un centre politique à l'échelle européenne et mondiale : on y trouve les ambassades ou consulats de plus de 180 pays et le siège de l'UNESCO.

2 De nouveaux défis à relever

A Le défi du dynamisme et de la diversification sociale

- L'agglomération parisienne présente néanmoins certaines faiblesses. Sa contribution à la richesse nationale et le nombre d'emplois diminuent, le classement de ses universités à l'échelle mondiale est insuffisant sa bourse ne peut rivaliser avec celle de Londres. Les réseaux de transport terrestres sont saturés et ses aéroports sont à rénover. Sa fonction résidentielle recule : Paris risque de devenir une « ville musée ».
- L'agglomération parisienne est également marquée par de forts contrastes socio-économiques : le centre de la capitale et les Hauts-de-Seine à l'ouest concentrent les populations les plus aisées, tandis que les quartiers et banlieues à l'est et au nord accueillent les foyers plus modestes et concentrent les zones urbaines sensibles.

B La nécessité d'une politique d'aménagement

- Depuis les années 1960, l'aménagement du territoire a consisté à freiner le développement de Paris, la décentralisation devant permettre de rééquilibrer l'organisation du territoire. Aujourd'hui, il s'agit au contraire d'accroître la compétitivité de l'agglomération pour soutenir l'économie du pays.
- Le projet du « Grand Paris », lancé en 2007, est basé sur la création d'un réseau de transports en commun autour de la capitale financé par l'État. Il doit favoriser la recherche et l'innovation au moyen de pôles de compétitivité et du pôle scientifique et technique de Saclay.

▶ L'agglomération parisienne participe à la mondialisation. Afin de conforter son statut de ville mondiale, de nouveaux aménagements sont nécessaires pour que Paris reste le centre du développement économique de la France.

L'ORGANISATION DU TERRITOIRE FRANÇAIS : UNE DISTRIBUTION CONTRASTÉE DES ACTIVITÉS

Quels sont les espaces qui permettent à la France d'être intégrée à la mondialisation ?

1 La mondialisation encourage la métropolisation

A Elle renforce le dynamisme des grandes villes

• Les pouvoirs publics et les entreprises ont valorisé les métropoles, et notamment l'agglomération parisienne, particulièrement bien reliées au reste du monde. Ainsi, Paris concentre les fonctions de décisions politiques et économiques. Ses aéroports assurent 70 % du trafic aérien français et l'essentiel des échanges internationaux.

• En dehors de l'aire urbaine parisienne, Marseille, Lyon, Lille, Strasbourg et Nice concentrent suffisamment de services de hauts niveaux pour rayonner au niveau européen.

B L'émergence de territoires périurbains dynamiques

• De nouveaux espaces productifs se sont multipliés sous l'effet de la mondialisation. Ainsi, les grandes entreprises s'implantent de plus en plus dans des technopôles, bénéficiant d'une main-d'œuvre qualifiée et bien reliés aux réseaux de transport internationaux.

• Les 71 pôles de compétitivité résultent d'une politique menée par l'État et les collectivités locales.

2 La mondialisation privilégie les interfaces

A La littoralisation des activités

• La politique d'aménagement de ZIP (zone industrialo-portuaire) a adapté la France à la littoralisation des activités. Les aménagements de moyens de transport et de plates-formes multimodales ont participé à l'insertion de l'industrie française à l'espace mondial. Ainsi, le port de Fos-Marseille et du Havre enregistrent un trafic très important. Des ports secondaires assurent une desserte de proximité vers l'Europe du Nord et la Méditerranée.

- Enfin, les activités touristiques permettent à certains littoraux d'être des espaces attractifs.

B Des régions frontalières toujours plus dynamiques

- Avec l'UE, le poids des régions frontalières a été renforcé. Grâce à la libre circulation des biens, des services et des personnes, les régions frontalières sont devenues des interfaces.
- Les régions du Nord et de l'Est ont bénéficié de la politique de reconversion des zones minières et sidérurgiques. L'ouverture des frontières a favorisé l'essor des investissements étrangers. Environ 320 000 frontaliers français travaillent à l'étranger, où ils bénéficient de salaires plus élevés. L'essor du travail transfrontalier permet de stimuler les économies locales mais tend à faire monter les prix du foncier et sature les axes routiers.

3 Des territoires en marge

A Les périphéries du territoire français

- Les espaces ruraux du centre du pays ou à l'écart des grands axes de transport, la plupart des espaces montagnards mais aussi les territoires ultra-marins s'insèrent mal dans la mondialisation. L'éloignement, les contraintes du milieu, la dispersion, le faible peuplement expliquent leur manque de dynamisme.
- Même s'ils sont parcourus par des axes de transport autoroutiers ou des lignes à grande vitesse, certains de ces territoires ne disposent pas d'échangeur autoroutiers ou de gare TGV : ils sont alors victimes de « l'effet tunnel ».

B Les politiques en faveur des espaces peu intégrés

- L'État s'allie aux collectivités territoriales autour de projets d'équipement. Des lignes de TGV pourvues de nombreuses gares sont à l'étude (LGV Sud Europe-Atlantique), des antennes relais sont posées pour réduire la fracture numérique.
- Les territoires ultra-marins bénéficient de financements afin de soutenir les différents secteurs économiques, participer à la formation professionnelle, adapter les services de santé et d'éducation et moderniser les transports.

La mondialisation renforce le poids des métropoles et des interfaces du territoire français, les littoraux et les régions frontalières. Elle laisse néanmoins en marge les espaces peu connectés aux réseaux de communication.

BILAN EXPRESS AMÉNAGEMENT ET DÉVELOPPEMENT DU TERRITOIRE FRANÇAIS

Les définitions de base

- **Agriculture productiviste** : recherche de la production maximale souvent au détriment de la qualité ou de l'environnement.
- **Délocalisations** : transfert d'une usine vers un autre espace pour réduire les coûts de production ou se rapprocher du marché.
- **Métropole** : ville regroupant des services rares et ayant des fonctions de commandement à l'échelle régionale, nationale ou internationale.
- **Mondialisation** : mise en relation des différentes parties du monde par l'intermédiaire de nombreux échanges de toutes natures (économiques, financiers, d'informations, de personnes). Elle rend différentes régions du monde interdépendantes.
- **Parcs technologiques (ou technopôle)** : espace spécialisé dans les hautes technologies associant industrie de pointe et recherche (appelé aussi territoires de l'innovation).
- **Plates-formes multimodales** : lieu de correspondance (de chargement et déchargement)entre différents modes de transport.
- **Pôles de compétitivité** : regroupement sur un même territoire d'entreprises, d'écoles supérieures, d'organismes de recherche qui travaillent ensemble autour de projets innovants. Ils peuvent être situés dans des parcs technologiques.
- **Remembrement** : regroupement des terres agricoles encouragé par l'État.
- **Rendement agricole** : quantité produite par unité de surface, en général un hectare.

Un schéma pour mémoriser

• L'organisation du secteur agro-alimentaire

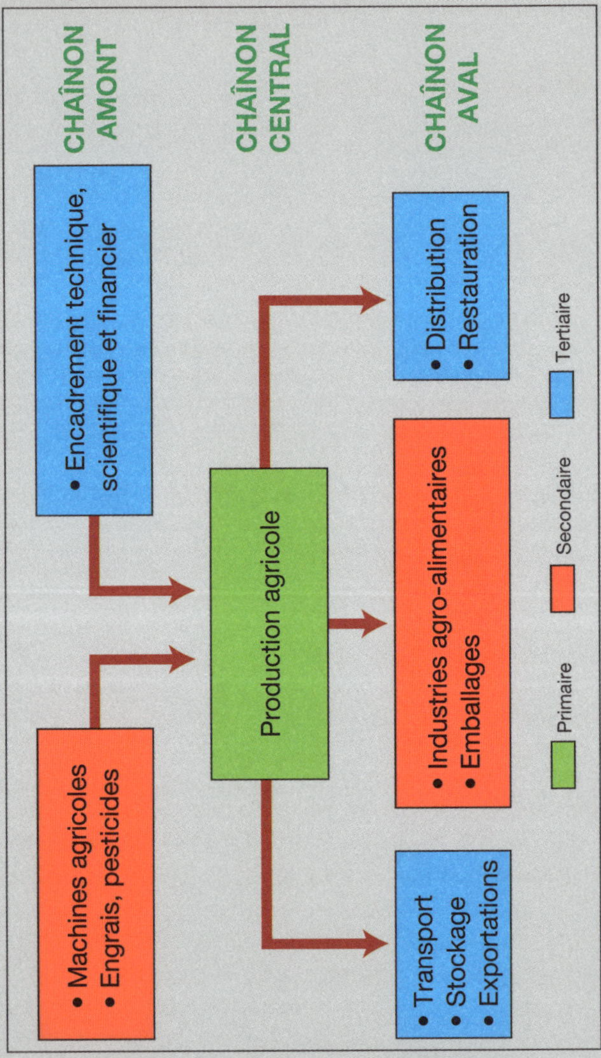

L'UNION EUROPÉENNE, UN TERRITOIRE EN CONSTRUCTION

La construction de l'Union européenne est un projet original, ambitieux et ouvert. Pourquoi peut-on qualifier l'UE de territoire en construction ?

1 L'Union européenne, un projet géopolitique

- L'Union européenne (UE) est une organisation régionale initiée par 6 États d'Europe de l'Ouest en 1951 (CECA : communauté européenne du charbon et de l'acier). Depuis les traités de Rome en 1957 (CEE) et le traité de Maastricht en 1992 (UE), le nombre d'États membres est passé de 6 à 27. La chute du mur de Berlin, en 1989, et l'implosion de l'URSS, en 1991, ont entraîné un élargissement sans précédent à 12 pays d'Europe centrale et orientale dans les années 2000.
- La construction européenne est portée par des pays qui ont surmonté leurs divisions pour s'unir autour de valeurs communes comme la démocratie, les Droits de l'homme et le libéralisme. L'Union européenne a pour ambition de s'élargir à tous les pays européens, une union à 27 membres n'est pas définitive.
- La prise de décision au sein de l'UE nécessite des institutions communautaires : le Parlement européen siège à Strasbourg (et Bruxelles), la Commission et le Conseil européens sont à Bruxelles, la Banque centrale européenne est à Francfort. Des décisions concernant des domaines très variés, comme l'agriculture, l'environnement, la recherche, la justice y sont prises et s'imposent aux pays membres. Ces derniers restent néanmoins souverains.

2 Une union d'États à géométrie variable

- Le marché unique, mis en place en 1993 à l'intérieur de l'UE, permet aux marchandises, aux capitaux et aux services de circuler librement.
- Une personne ayant la nationalité d'un pays membre est de fait un citoyen européen depuis le traité de Maastricht : il élit ses représentants au parlement européen et peut être éligible à des mandats locaux, même s'il n'a pas la nationalité du pays européen dans lequel il réside.

• Pourtant, cette union à 27 ne concerne pas tous les domaines. Ainsi, en 1987, 5 pays ont signé les accords Schengen permettant la libre circulation des hommes entre eux. Élargi en 1995, il ne concerne aujourd'hui que 22 États sur 27 et trois autres États y sont associés.

• Depuis 2002, seuls 17 des 27 États européens ont adopté l'euro. Certains pays, comme le Royaume-Uni, le Danemark ou la Suède refusent d'intégrer la zone euro, souhaitant garder leur souveraineté dans le domaine monétaire. D'autres ne peuvent pas encore y adhérer car ils ne remplissent pas les conditions économiques nécessaires. Une Europe « à la carte » est donc possible.

3 L'Union européenne, un espace attractif

• L'Union européenne est devenue un centre d'impulsion de la mondialisation. Elle se caractérise par un haut niveau de richesse et de développement, des métropoles mondiales et des territoires aménagés mis en valeur et ouverts aux échanges.

• L'UE est donc un espace attractif au sein du continent européen. C'est pourquoi les candidatures d'adhésion se multiplient : Islande, Croatie, Turquie, Serbie, Macédoine, Monténégro, Albanie et Bosnie-Herzégovine.

• Ces candidatures posent la question des limites de l'Europe. Jusqu'où doit se poursuivre l'élargissement et quelles sont les frontières de l'Europe ? Pour répondre en partie à l'attente des pays candidats, l'UE a mis en place en 2004 une politique de voisinage qui consiste à aider financièrement les États partageant des frontières avec elle. Depuis 2008, l'Union pour la Méditerranée doit promouvoir l'intégration économique et les réformes démocratiques dans 16 pays voisins situés au sud de l'UE, en Afrique du Nord et au Moyen-Orient.

L'UE est un projet géopolitique et économique ambitieux qui exerce une forte attractivité sur ses voisins. Pour faire face à ses élargissements successifs, l'UE s'est adaptée et a mis en place une « Europe à la carte ».

43 LES CONTRASTES TERRITORIAUX DANS L'UNION EUROPÉENNE

L'Union européenne présente d'importants contrastes entre territoires riches et développés, et régions en retard de développement. Comment l'UE tente-t-elle de répondre à ces disparités ?

1 Des inégalités de richesse et de développement à toutes les échelles

A Les inégalités à l'échelle européenne

- Des inégalités importantes de richesse et de développement existent entre les pays fondateurs de l'Union européenne et les pays plus récemment intégrés. Ces inégalités augmentent au fur et à mesure de l'élargissement vers des États plus éloignés du cœur économique de l'UE.
- Ainsi, les pays d'Europe de l'Ouest et du Nord, riches et développés, s'opposent aux pays d'Europe centrale et orientale, plus pauvres et en retard de développement. Les États méditerranéens comme le Portugal, l'Espagne et la Grèce sont dans une situation intermédiaire.
- L'Europe du Sud possède une économie peu industrialisée caractérisée par un secteur touristique souvent très important. Son rattrapage économique a commencé dans les années 1990 mais il est fragilisé par un fort endettement, à l'exemple de la Grèce et de l'Espagne depuis 2010.
- L'Europe orientale constitue la périphérie la plus lointaine de l'UE. Son agriculture est peu productive et ses services sont encore insuffisants. Elle constitue un réservoir de main-d'œuvre peu coûteuse attirant les délocalisations d'usines du nord-ouest de l'Europe.

B Les inégalités à l'échelle des régions européennes

- La logique de la mondialisation met les territoires en concurrence et accroît les inégalités régionales en favorisant les territoires les mieux connectés au reste du monde.
- L'Europe rhénane est le cœur démographique et économique de l'Union européenne. Les régions proches et bien reliées à elle, comme le bassin de Londres, l'Italie du Nord ou la Bavière profitent de son dynamisme. Dans les nouveaux

États membres, en Europe centrale et orientale, les capitales sont bien plus développées que le reste du territoire national.

- Les territoires présentant de fortes contraintes (froid, pente, éloignement), comme les massifs montagneux, les régions situées au nord de l'Europe ou les territoires insulaires (territoires ultramarins), sont souvent en retard de développement.

2 Les politiques européennes pour réduire les inégalités

- La solidarité entre les régions fait partie du projet européen. Crée en 1975, les Fonds européens de développement régional (FEDER) et le fond social européen (FSE) participent aujourd'hui à la « politique de cohésion » entre les États membres.
- Plus du tiers du budget de l'UE est ainsi consacré à aider les régions en retard de développement. Ces aides financières tentent d'améliorer l'accessibilité des territoires, favoriser l'activité économique et participer à la formation professionnelle.
- Le développement durable est aussi au cœur des préoccupations européennes : dépollution des régions industrielles en reconversion, aide au développement rural des régions isolées.
- Si, grâce à ces aides, des pays comme l'Espagne et l'Irlande ont pu rattraper leur retard, certes de façon fragile, les disparités à l'intérieur des États membres ont aujourd'hui tendance à s'accentuer. Les régions espagnoles, irlandaises, hongroises et polonaises les plus éloignées de la dorsale européenne se dépeuplent et sont particulièrement touchées par le chômage.

L'intégration de nouveaux États au sein de l'Union européenne entraîne l'augmentation des inégalités de développement et de richesses entre ses membres. L'enjeu des politiques communautaires est alors de réduire ces écarts par des aides financières dites de « cohésion ».

LES RÉSEAUX DE TRANSPORT FRANÇAIS DANS L'UE ET LE MONDE

Comment la France s'intègre-t-elle, par ses réseaux de transport, dans l'espace européen ? Comment cette intégration européenne modifie-t-elle le territoire national ?

1 Les réseaux de transport ont favorisé la centralisation parisienne

- Les réseaux de transport français ont longtemps été marqués par leur centralisation autour de Paris. Les routes royales, devenues nationales, les voies ferrées puis les autoroutes, devaient relier rapidement la capitale aux principales villes de province (Marseille, Lyon, Lille, Nantes, Bordeaux). Toutes les lignes à grande vitesse (LGV) passent donc par la capitale.
- Cependant, ce réseau centralisé est aujourd'hui atténué. Les autoroutes dessinent un réseau qui couvre progressivement tout le territoire.
- Ce réseau s'organise toujours selon une logique nord-sud où Paris, Lyon et Lille représentent des nœuds majeurs mais il se déploie de plus en plus vers l'est et l'ouest (route des estuaires, ensemble autoroutier reliant la Belgique à l'Espagne sans passer par Paris, mais aussi liaison Bordeaux-Lyon par Clermont Ferrand).
- Les espaces les mieux desservis restent donc les espaces les plus densément peuplés, générant le plus de trafic : Paris et les métropoles régionales, les grandes vallées (Seine, Rhône, Rhin) et quelques littoraux (Côte d'Azur, Languedoc, Normandie, Bretagne).
- Au contraire, les espaces les moins bien desservis sont les zones de montagne, les espaces ruraux et l'intérieur des territoires ultramarins. Éloignés des grands axes, faiblement peuplés et présentant des reliefs accidentés, la construction d'infrastructures y serait trop coûteuse (ponts, tunnels, lignes à grande vitesse). Ces espaces sont souvent victimes de « l'effet tunnel ».

2 L'intégration à l'espace européen et au monde modifie les réseaux de transport

- Avec l'élargissement de l'Union européenne vers l'Est, l'enjeu des transports est primordial pour que la France garde sa position naturelle de carrefour, point de passage terrestre obligé entre la péninsule ibérique et l'Europe du Nord.
- La France a donc poursuivi la construction d'infrastructures autoroutières (11 000 km en 2011) connectées avec le réseau européen, et maintenu son avance par l'inauguration de voies ferrées à grande vitesse (2 000 km de LGV).
- La connexion ferroviaire avec nos voisins européens est achevée au nord (Eurostar vers Londres ; Thalys vers Bruxelles, Cologne et Amsterdam), et à l'est (LGV Rhin-Rhône ; connexion du TGV Est avec l'Inter City Express allemand). Le raccordement est en cours au Sud, vers l'Espagne (LGV Sud Europe Atlantique et Lyon-Barcelone) et l'Italie (Lyon-Turin).
- Ces connexions nécessitent de lourds investissements et d'importants travaux (franchissement des Alpes et des Pyrénées). Dans le cadre du projet de transports transeuropéens, ils peuvent être en partie financés par l'Union européenne.
- L'insertion française dans l'espace mondial renforce aussi la place des aéroports parisiens, Roissy (au 2nd rang européen et 4e rang mondial) et Orly. Ils concentrent 55 % du trafic aérien en France, loin devant Nice et Lyon, les deux autres aéroports français internationaux.
- Enfin, l'espace français est connecté au réseau des voies maritimes mondiales grâce aux équipements portuaires du Havre et de Marseille. Dunkerque et Saint-Nazaire sont des ports régionaux ayant un rayonnement européen.

▶ L'intégration du territoire français à l'Union européenne et à la mondialisation a rendu nécessaire la modification de l'organisation des transports nationaux. De moins en moins centralisé, le réseau de transport français cherche à se connecter toujours plus au réseau européen et mondial.

45

GÉRER LES RISQUES NATURELS : LA FORÊT MÉDITERRANÉENNE

Le territoire français est soumis à des risques majeurs variés. Comment l'exemple de la forêt méditerranéenne révèle-t-il la vulnérabilité accrue de certains espaces face aux risques ?

1 Les risques naturels en France

- Les risques naturels résultent d'aléas d'origine climatique (tempêtes, cyclones, vagues de froid, canicules, sècheresses), hydrologique (inondations, avalanches) ou lithosphérique (séismes, éruptions volcaniques).
- Le territoire métropolitain est relativement épargné par les aléas, mais les DROM sont des espaces soumis aux cyclones et aux séismes. Les littoraux atlantiques sont néanmoins parfois victimes de tempêtes (Xynthia en février 2010), les vallées fluviales concentrent les risques d'inondation et les Alpes présentent l'essentiel des risques d'avalanches.
- Les aménagements humains amplifient les risques ou en sont à l'origine. En bétonnant les sols pour aménager des routes, en défrichant la forêt pour agrandir l'espace agricole ou pour créer des pistes de skis, les hommes font disparaître le couvert végétal qui retenait l'eau ou la neige. Ils augmentent ainsi les risques d'inondations et d'avalanches.

2 La gestion des risques dans la forêt méditerranéenne

A Un milieu fragile

- Le climat méditerranéen se caractérise par des étés chauds et secs. Si les périodes de sécheresse estivale augmentent les risques de feux de forêt, ils sont le plus souvent déclenchés par l'action de l'homme.
- Depuis les années 1950, la forêt méditerranéenne est en mutation. Les activités liées à l'exploitation du bois (sylviculture) ont diminué, les populations sont parties s'installer en ville (exode rural) et l'arrière-pays méditerranéen s'est peu à peu dépeuplé. Les forêts, moins entretenues et irrégulièrement débroussaillées, sont devenues plus vulnérables.

- Avec l'essor du tourisme de masse dans les années 1970, les littoraux méditerranéens sont devenus plus attractifs. Les régions situées en proximité de la forêt méditerranéenne ont été reconquises par les néoruraux. La vulnérabilité face aux risques est donc devenue plus grande, surtout pour les zones urbaines situées à proximité des forêts.

B Un milieu à protéger

- À l'échelle du territoire français, la prévention des feux de forêt est basée sur des actions concrètes : lois rendant le débroussaillement obligatoire (juillet 2011), campagne d'information sur l'utilisation du feu en milieu agricole, sensibilisation du grand public. Le conservatoire de la forêt méditerranéenne finance ces programmes de prévention.
- Deux bulletins météo quotidiens viennent compléter un système de veille, fait de tours de guet et de patrouilles au sol, chargé de détecter les menaces ou les départs de feux. Le système européen d'information sur les feux de forêt (EFFIS) permet de surveiller l'ensemble de l'espace forestier méditerranéen.
- La protection des biens, des personnes et du milieu face aux incendies est confiée aux sapeurs-pompiers, à la sécurité civile, aux services départementaux, mais aussi aux citoyens bénévoles. Les opérations sont coordonnées par la protection civile européenne et les moyens sont mutualisés (prêt de Canadairs).

La forêt méditerranéenne est un espace particulièrement vulnérable face aux risques, notamment d'incendies pendant la période estivale. D'importants moyens sont déployés, à l'échelle nationale et européenne, pour protéger cet espace, par ailleurs profondément transformé.

GÉRER LES RISQUES TECHNOLOGIQUES : LES MARÉES NOIRES

Dans le contexte de la mondialisation, les espaces maritimes sont de plus en plus parcourus par de nombreux flux. Ces espaces, fragiles et instables, sont particulièrement vulnérables aux risques technologiques comme les marées noires.

1 Les risques technologiques en France

- Les activités industrielles, le transport et le stockage de certains produits, la production d'énergie nucléaire, sont à l'origine de risques technologiques. Ils peuvent entraîner des pollutions de l'air, de l'eau, des sols, de façon régulière, mais aussi des catastrophes, plus exceptionnelles.
- Les risques d'explosions, d'apparition de nuages toxiques, de marées noires, sont considérés comme des risques majeurs. Ils entraînent d'importantes conséquences humaines, matérielles et environnementales.
- Ainsi, la pollution atmosphérique est liée aux activités industrielles ou encore à l'émission de CO_2 par la circulation automobile.
- La pollution des sols est la conséquence du stockage de produits radioactifs, chimiques et à l'utilisation d'intrants (engrais, pesticides) dans l'agriculture.
- La pollution des eaux est causée par l'utilisation de produits chimiques d'origine industrielle ou agricole (à l'origine de la formation d'algues vertes) mais aussi par les marées noires.

2 Des littoraux français exposés aux marées noires

- La France est une façade maritime de l'Union européenne. À ce titre, son espace maritime, situé à l'ouest et au nord du territoire, est parcouru par une des routes maritimes (vers Rotterdam) les plus fréquentées du monde. Ainsi, 70 % des transports d'hydrocarbures par pétroliers, qui s'effectuent dans l'UE, passent au large des côtes de l'Atlantique et de la mer du Nord.

• 30 % de la pollution des eaux marines atteignent les côtes, principalement à cause de fuites de pétroliers et des déballastages, plus rarement suite à des naufrages (Erika en 1999, Prestige en 2002) ou des explosions de plateformes off shore en mer du Nord, qui sont pourtant beaucoup plus médiatisés. Ces marées noires sont de véritables catastrophes écologiques, détruisant la faune, la flore et polluant durablement les côtes.

3 Des espaces maritimes à protéger

• L'ampleur des marées noires rend la coopération internationale nécessaire. Le naufrage de l'Erika a touché aussi bien la France (Pays Basque, Vendée, sud de la Bretagne) que les côtes portugaises ou espagnoles. Les barrages flottants, les produits dispersants, ont été peu efficaces, le nettoyage des côtes se faisant à l'aide de pelleteuses mais surtout au seau et à la pelle.

• La France joue aujourd'hui un rôle moteur en matière de prévention et de protection des risques de pollution maritime au sein de l'UE. Un système de surveillance européen des routes maritimes et des navires a été mis en place depuis 2009 : contrôles accrus des cargaisons, suivi des navires, obligations des doubles coques pour les pétroliers.

• Le rail d'Ouessant, sorte d'autoroute maritime, permet de séparer le trafic des navires, au large de l'île la plus occidentale de la Bretagne, limitant ainsi les risques de collisions.

Les marées noires sont des risques technologiques majeurs. Elles affectent particulièrement les côtes nord et ouest du territoire national. Au sein de l'Union européenne, la France joue un rôle majeur dans la prévention de ces risques et dans la protection de tout le littoral européen.

BILAN EXPRESS
LA FRANCE ET L'UNION EUROPEENNE

Les définitions de base

- **Aléa** : phénomène naturel ou technologique dangereux, plus ou moins probable, sur un espace donné. Il ne devient un risque que lorsqu'il touche les sociétés humaines et leurs aménagements.
- **Catastrophe** : réalisation du risque potentiel lorsqu'il engendre des dégâts considérables et/ou des pertes humaines.
- **Déballastages** : vidange des compartiments d'un bateau remplis d'eau de mer (ou dégazages).
- **Endettement** : la dette publique est l'ensemble des sommes dues par un État qui a contracté des emprunts.
- **Libéralisme** : politique économique qui atténue le rôle de l'État en diminuant les règlementations, les interventions, la part du secteur public dans l'économie.
- **Organisation régionale** : association d'États qui délèguent, par un traité, l'exercice de certaines compétences à des institutions communes.
- **Plateformes off shore** : installations permettant l'extraction de pétrole en pleine mer.
- **Politique de cohésion** : politique ayant pour objectif de réduire les écarts de développement entre des régions.
- **Prévention** : elle anticipe la manifestation des risques.
- **Protection** : elle permet de limiter les effets des risques.
- **Réseaux de transport** : ensemble des lignes, régionales ou nationales, parcourus par des moyens de transport (automobile, train, avion).
- **Vulnérabilité** : elle exprime les conséquences prévisibles d'un risque sur les sociétés et leurs activités. C'est la capacité d'une société à faire face à un risque.

Une carte à mémoriser

• Les risques en France

1. Les aléas climatiques

- Risques d'avalanches
- Cyclones
- Tempêtes et érosion littorale

2. Les aléas sismiques et volcaniques

- Risques forts
- Risques moyens

3. Les aléas liés à l'activité humaine

- Risque d'inondations
- Risques industriels
- Centrales nucléaires
- Grandes concentrations urbaines

LA FRANCE, UNE INFLUENCE MONDIALE

La présence française dans le monde est le fruit d'un passé colonial et militaire mais aussi d'une longue histoire. Quels sont les aspects du rayonnement de la France dans le monde ?

1 La France, un pays ouvert sur le monde

- La France dispose d'une présence planétaire grâce à ses territoires ultramarins présents sur tous les continents : les départements et régions d'outre-mer (DROM) comme la Guadeloupe, la Martinique, la Guyane, Mayotte et la Réunion, les collectivités d'outre-mer (COM) telles que la Polynésie française, Saint-Barthélemy, Saint-Martin, Saint-Pierre-et-Miquelon, Wallis et Futuna ; la Nouvelle-Calédonie et les Terres australes et antarctiques (Kerguelen, Crozet, Saint-Paul, Nouvelle-Amsterdam) ont des statuts particuliers.
- Ces territoires assurent à la France la deuxième plus grande zone économique exclusive du monde, soit 11 millions de km² d'espaces maritimes. Ces ZEE procurent à la France un avantage important pour l'exploitation des ressources (minerais, pêche).
- La France entretient aussi des relations privilégiées avec ses anciennes colonies, notamment en Afrique, qui sont les principales destinataires de l'aide publique au développement.
- L'image de la France, pays des Droits de l'homme, de la démocratie et terre d'asile reste très forte : environ 165 000 réfugiés vivent aujourd'hui en France. La lutte contre l'immigration clandestine modifie cependant cette image.

2 Une influence géopolitique encore forte

- La France fait partie de toutes les organisations internationales : elle est l'un des cinq membres permanent au Conseil de sécurité de l'ONU où elle bénéficie d'un droit de véto. Elle dispose du second réseau diplomatique mondial, derrière les États-Unis, par l'intermédiaire de ses consulats et ses ambassades.
- La France est également une puissance militaire qui possède l'arme nucléaire. L'armée française est présente à l'étranger où elle effectue des missions sous mandat

international de l'ONU ou de l'OTAN, dont elle a réintégré le commandement en 2009 (elle l'avait quitté en 1966). Elle lutte contre la piraterie en Somalie dans le cadre d'une coopération européenne.

3 Un rayonnement culturel important

- Le français, reste, avec près de 220 millions de francophones, une langue internationale parmi les plus parlées du monde. Les sommets de la Francophonie réunissent tous les deux ans l'ensemble des pays qui reconnaissent le français comme langue officielle.
- Le rayonnement linguistique de la France s'appuie sur le réseau des lycées français à l'étranger (461 établissements), les centres culturels et l'Alliance française. Des médias comme TV5 Monde, France 24 ou Radio France international (RFI) sont reçues par plus de 200 millions de foyers et participent à la « puissance douce » de la France.
- La France défend la diversité culturelle dans le monde. Elle agit au sein de l'Organisation mondiale du commerce (OMC) pour que l'exception culturelle soit reconnue dans les échanges internationaux, permettant ainsi à la production audiovisuelle nationale de rester performante.
- Depuis la fin du XXe siècle, le nombre d'expatriés français ne cesse de croître. Ils seraient entre 1,5 et 2 millions à avoir quitté la France, dont plus de la moitié âgés de moins de 35 ans et résidant dans un pays européen. Ils sont les relais de la présence française dans le monde.

La France cherche à exercer une influence mondiale dans les domaines géopolitiques et culturels. Ses territoires ultramarins, sa présence au sein d'organismes tels que l'ONU, son rayonnement culturel exercé entre autre par une vaste communauté francophone, lui permettent de peser dans les relations internationales.

RÉALITÉ ET LIMITES DE LA PUISSANCE EUROPÉENNE

L'UE rayonne sur ses États voisins et s'impose comme un acteur majeur des échanges internationaux. Quelles sont les forces et les faiblesses de la puissance européenne dans le monde ?

1 L'Union européenne rayonne sur son voisinage

• L'UE est devenue un centre attractif, pôle de stabilité et de croissance. Sa force d'attraction s'exerce sur son voisinage. Cinq pays sont aujourd'hui des candidats officiels à l'adhésion à l'Union européenne : l'Islande, la Croatie, la Macédoine, le Monténégro et la Turquie. Quatre autres sont des candidats potentiels : l'Albanie, la Bosnie-Herzégovine, le Kosovo et la Serbie.

• Afin d'assurer la stabilité et la prospérité économique de ces régions proches, l'UE a mis en place en 2004 une politique européenne de voisinage. Cette aide économique, de plus de 2,5 millions d'euros annuels, permet d'atténuer les écarts de richesse et de développement à l'intérieur du continent.

• La Méditerranée est une aire de relation privilégiée de l'UE. En 2008, l'Union pour la Méditerranée a été définie comme une « union de projets » et a fixé des objectifs concrets en termes de protection de l'environnement et de flux migratoires.

2 L'Union européenne, une puissance majeure de la Triade

A Les attributs de la puissance européenne dans le monde

• L'Union européenne est un membre de la Triade. Elle est la première puissance économique et commerciale du monde devant les États-Unis, la Chine et le Japon. Elle réalise près de 20 % des échanges mondiaux et 28 % du PIB mondial. Elle est une puissance financière attractive puisqu'elle accueille plus de 40 % des flux d'investissement étrangers mondiaux.

• L'UE participe à la gouvernance économique mondiale. Membre de l'OMC, elle abrite 161 FTN (firmes transnationales) classées parmi les 500 premiers groupes mondiaux. Les points forts de son économie reposent sur les secteurs de l'énergie, de la banque et de l'assurance, de l'automobile, mais aussi de l'électronique, de la chimie-pharmacie, de la distribution, de l'aéronautique.

- Les ports situés entre Le Havre et Hambourg forment la façade maritime de la Northern Range qui constitue une interface dynamique. Rotterdam est une porte d'entrée du territoire européen et un nœud de redistribution des marchandises venues du monde entier.
- Avec 500 millions d'habitants, l'UE est enfin le plus grand marché de consommation du monde. La main-d'œuvre européenne, très qualifiée, participe à sa puissance économique.

B Les limites de la puissance européenne dans le monde

- L'UE ne peut se comparer aux autres pays qu'elle précède dans le classement mondial. En effet, plus des 2/3 des échanges commerciaux sont intra-européens. Les politiques économiques des différents États membres sont peu coordonnées ; les États restent des concurrents dans le contexte de la mondialisation.
- Face aux grandes puissances mondiales, telles les États-Unis et la Chine, l'UE souffre d'un manque d'unité politique. Sans armée ni diplomatie commune, elle ne parvient pas à s'affirmer au sein de l'ONU, où elle n'est qu'un observateur.
- L'UE est de plus fragilisée par la dette publique de ses membres, la crise actuelle de l'euro, le vieillissement de sa population, les disparités économiques entre ses régions.
- Enfin, elle doit faire face à de nombreux défis économiques : la reconversion des activités industrielles en déclin, la dépendance énergétique, la compétitivité de ses activités agricoles et tertiaires face à la concurrence des pays émergents (Brésil, Chine).

L'Union européenne, puissance régionale au cœur du continent européen, est également une puissance économique à l'échelle mondiale. Cependant, l'insuffisance d'un projet politique commun constitue un frein majeur à son rayonnement mondial.

50

BILAN EXPRESS LE RÔLE MONDIAL DE LA FRANCE ET DE L'UNION EUROPÉENNE

Les définitions de base

- **Aide publique au développement :** l'APD est un ensemble de dons et de prêts en faveur des pays du Sud.
- **Alliance française :** réseau de 1 016 associations enseignant la langue et la civilisation française, subventionnées par l'État français.
- **Exception culturelle :** politique s'exerçant dans le cadre d'organismes internationaux et faisant des produits culturels (cinéma, musique) des exceptions. Ainsi, la France tente de limiter l'importation de produits culturels étrangers et de favoriser sa production nationale (quotas français à la radio et à la télévision, subventions).
- **Expatrié :** individu résidant dans un autre État que le sien. Les ambassades et consultats assurent le lien avec le pays d'origine (vote, sécurité, papiers d'identité…).
- **Francophonie :** dispositif institutionnel qui organise les relations politiques et de coopération entre 75 États pratiquant la langue française.
- **Interface :** lieu privilégié entre un espace et le reste du monde (littoral, frontière, aéroport, port) caractérisé par de nombreux échanges.
- **« Puissance douce » (ou « *soft power* ») :** capacité d'un État à exercer une influence culturelle sur le monde. Elle s'oppose à la puissance « dure » (ou « *hard power* ») qui s'exprime par la présence militaire et l'influence politique.
- **Triade :** elle regroupe les pôles majeurs de l'économie mondiale : l'Amérique du nord, l'Union européenne et l'Asie orientale (Japon, Chine littorale, Corée du sud, Taiwan, Singapour).

Une carte à mémoriser

- **Les pays francophones**

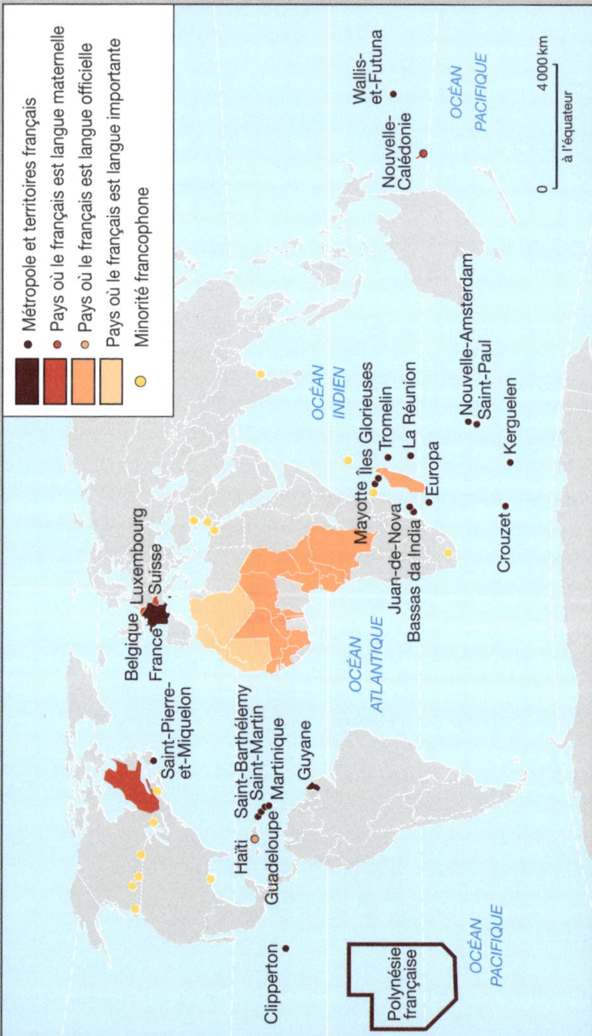

51

LES VALEURS, LES PRINCIPES ET LES SYMBOLES DE LA RÉPUBLIQUE

Sur quelles grandes valeurs et sur quels grands principes la République repose-t-elle ?

1 La République

A L'héritage du passé

• Depuis la révolution de 1789, les hommes sont des citoyens qui ont des droits affirmés dans la Déclaration des Droits de l'homme et du citoyen. Elle garantit les libertés fondamentales et leur donne le droit d'exercer la souveraineté nationale.

• Les républiques successives ont développé cet héritage. Le préambule de la Constitution de la Ve République (1958) « proclame [...] son attachement [à] la Déclaration de 1789 [...] complétée par le préambule de la Constitution de 1946 ».

B La nation

• Différents par leur origine, leurs coutumes, leur milieu social, les citoyens ont peu à peu construit la nation, une communauté qui partage un héritage (la culture, l'histoire, la langue et des valeurs communes).

• La nation a le désir de vivre ensemble et de réaliser un projet collectif. Elle forme une communauté politique organisée par des lois.

C Les valeurs de la République

• La République a pour devise « Liberté, Égalité, Fraternité ». Ces trois valeurs, reconnues comme vraies et justes par la société, sont indissociables.

• La Constitution de 1958 garantit la liberté et l'égalité des droits individuels et collectifs, l'égalité devant la loi et la fraternité par la solidarité.

2 Les principes de la République

A « La République est indivisible »

• Les mêmes lois sont appliquées sur l'ensemble du territoire. La seule langue de la République est le français.

• Toute modification du territoire français doit être approuvée par une loi.

B « La République est laïque »

- Depuis la loi de séparation des Églises et de l'État (1905), aucune religion ne peut exercer un pouvoir politique. L'État observe la plus grande neutralité en matière religieuse.
- Les libertés de conscience et de culte sont affirmées mais la loi interdit les signes religieux ostentatoires dans les établissements scolaires et publics.

C « La République est démocratique »

- La République française est une démocratie. La souveraineté du peuple s'exerce par le suffrage universel, égal et secret.
- La République reconnaît le pluralisme politique, c'est-à-dire l'existence de différents partis politiques.
- La République affirme la séparation des pouvoirs législatif, exécutif et judiciaire confiés à des organes indépendants.

D « La République est sociale »

Les valeurs de fraternité et de solidarité se traduisent par des droits sociaux : droit à l'enseignement, droit à l'aide de la société face aux difficultés (maladie, chômage, vieillesse).

3 Les symboles de la République

A Les trois symboles officiels hérités de la Révolution

- Le drapeau bleu, blanc, rouge devient emblème national en 1830. Il rappelle la réconciliation de Louis XVI et des révolutionnaires parisiens après la prise de la Bastille.
- *La Marseillaise* est un chant de guerre qui exalte la liberté. Composé par Rouget de Lisle en 1792, il est décrété hymne national en 1880.
- « Liberté, Égalité, Fraternité », la devise de la République adoptée en 1848 est aussi un héritage de la Révolution de 1789.

B La mémoire républicaine

- Marianne, allégorie de la République, porte le bonnet phrygien, symbole de la liberté des affranchis de la Rome antique.
- Les fêtes nationales (14 juillet, 11 novembre, 8 mai) et le Panthéon, dédié aux grands hommes de la nation, rappellent le passé commun.

▶ **La République française, par ses valeurs et par ses principes est un régime politique dans lequel les citoyens disposent de droits et exercent la souveraineté nationale.**

NATIONALITÉ, CITOYENNETÉ FRANÇAISE ET CITOYENNETÉ EUROPÉENNE

Comment acquiert-on la citoyenneté française ? Quels droits et devoirs sont liés à la citoyenneté ?

1 Nationalité et citoyenneté

A La nationalité

• Élément de l'identité d'une personne, la nationalité atteste de son appartenance à la nation et lui confère certains droits et devoirs.

• La nationalité est acquise ou obtenue :
- par filiation (droit du sang), à la naissance dès lors qu'un des deux parents est français ;
- par naissance sur le sol français (droit du sol), à 18 ans pour une personne née de parents étrangers, résidant en France depuis au moins cinq ans ;
- par mariage avec un(e) Français(e), après un délai de quatre ans et sur demande ;
- par naturalisation accordée par l'État à une personne majeure vivant en France depuis plus de cinq ans, n'ayant pas fait l'objet de condamnation et ayant une connaissance suffisante du français, attestant ainsi de son intégration à la nation française.

B La citoyenneté

• Nationalité et citoyenneté sont indissociables : est citoyen celui qui a la nationalité française.

• Les citoyens appartiennent à une communauté politique qui exerce la souveraineté nationale par des droits politiques : le droit de vote (à un référendum par exemple), le droit d'élire ses représentants et le droit d'être élu (éligibilité).

• Ils ont aussi des devoirs spécifiques : voter, participer à la Défense nationale, participer au jury de Cour d'Assises.

2 Des droits et des devoirs pour tous

La Ve République est un État de droit. Français et étrangers qui forment la population de la France ont en commun des droits garantis par la Constitution.

A Des droits civils individuels et collectifs

- La Constitution garantit les droits individuels :
– le droit de se déplacer et de résider selon son choix ;
– le droit à la vie privée (droit à l'image) ;
– les droits aux libertés de pensée, d'opinion, d'expression, de conscience et de culte ;
– le droit de posséder un bien.
- La Constitution garantit aussi des droits collectifs :
– le droit d'association (syndicats, partis politiques) ;
– les droits d'expression collective : liberté de la presse et des médias, droits de réunion et de manifestation, droit de grève.
- Les droits économiques et sociaux traduisent la solidarité nationale : les droits à l'enseignement, à la protection de la santé, au travail, au logement et le droit à l'aide de la collectivité pour ceux qui sont dépourvus de revenus suffisants.

B Des devoirs pour tous

- Le devoir de respecter les lois et de faire preuve de civisme en plaçant l'intérêt général au-dessus de l'intérêt particulier.
- Le devoir de travailler.
- Le devoir de payer l'impôt et les cotisations sociales qui financent les droits sociaux.
- Le devoir de civilité afin de vivre en bonne entente et de contribuer à l'intérêt général (protection de l'environnement).

3 La citoyenneté européenne

- Les États de l'UE sont tous des démocraties. En 1992, le traité de Maastricht crée « une citoyenneté européenne pour toute personne ayant la nationalité d'un État membre ».
- Les citoyens de l'UE ont le droit de circuler et de résider librement dans l'UE, d'y exercer une profession, d'y faire des études.
- Ils ont le droit de pétition devant le Parlement européen et de déposer plainte devant la Cour de justice de Luxembourg.
- Les citoyens européens qui résident dans un État différent de leur État d'origine ont aussi des droits politiques. Ils sont électeurs et éligibles aux élections du Parlement européen et aux élections municipales dans l'État où ils résident.

La citoyenneté, par les droits et devoirs qu'elle confère au citoyen, fait de lui un membre responsable d'une communauté souveraine.

LE DROIT DE VOTE

Comment, par le droit de vote et l'éligibilité, la souveraineté nationale s'exerce-t-elle ?

1 L'exercice de la démocratie par le droit de vote

A Une conquête progressive

- En 1792, la Ire République établit un système censitaire : seuls les hommes qui paient l'impôt (le cens) ont les droits de vote et d'éligibilité.
- La II^de^ République, en 1848, décrète le suffrage universel pour les hommes âgés de plus de 21 ans. Excluant les femmes, le suffrage n'est pas « universel ».
- En 1944, les femmes obtiennent le droit de vote et, en 1974, celui-ci peut s'exercer à partir de 18 ans.
- Sont donc électeurs et éligibles « tous les nationaux français majeurs des deux sexes » n'ayant pas fait l'objet de condamnation et inscrits sur les listes électorales de leur commune de résidence. Le vote aux élections locales des étrangers résidant et travaillant en France est l'objet de débats.

B L'exercice du droit de vote

- Le suffrage « est toujours universel, égal et secret » : tous les électeurs ont le droit de vote, chacun dispose d'une voix. Le vote est secret et donc libre.
- Par le référendum, les citoyens exercent la démocratie directe. Ils décident de la loi par leur réponse (oui ou non) à une question posée.
- La démocratie représentative s'exprime par les élections des représentants locaux (conseillers municipaux, généraux et régionaux), nationaux (président de la République, députés, sénateurs) et européens (députés au Parlement européen) auxquels les citoyens confient un mandat pour une durée déterminée.

C Voter est un droit, voter est un devoir

- Pour que la démocratie existe et que la souveraineté nationale s'exprime réellement, les citoyens doivent participer aux scrutins. Voter est donc un devoir.

• Depuis quelques années, de nombreux citoyens se désintéressent de la vie démocratique et s'abstiennent de voter. Des projets de loi rendant le vote obligatoire sont en débat.

2 L'exercice de la démocratie par l'éligibilité

A Les conditions de l'éligibilité

• Tout électeur est éligible à condition d'avoir l'âge requis : dès 18 ans pour toutes les élections et 24 ans pour les élections sénatoriales.

• Les candidats à une élection sont généralement soutenus par les différents partis politiques. Ce pluralisme des partis est un des piliers de la démocratie.

• Ils disposent tous des mêmes conditions durant les campagnes électorales (financement, affichage officiel).

B Les modes de scrutin : la loi de la majorité

• Avec le scrutin uninominal majoritaire à deux tours, un seul candidat est élu dans une circonscription. Au premier tour est élu celui qui a obtenu la majorité absolue (au moins la moitié des suffrages exprimés plus un). Si tel n'est pas le cas, il y a ballotage et, au second tour est élu le candidat qui a obtenu la majorité relative (qui a recueilli le plus de voix).

• Avec le scrutin de liste (plurinominal) proportionnel, plusieurs listes de candidats se présentent au suffrage des électeurs. Les sièges sont répartis entre les candidats des différentes listes proportionnellement aux voix obtenues par chacune.

• Le scrutin uninominal tend à favoriser les grands partis qui forment alors des majorités importantes et stables au sein des différentes assemblées. Le scrutin proportionnel permet à tous les partis politiques d'être représentés en proportion de leur influence.

• En démocratie, la majorité exerce le pouvoir. L'opposition reconnaît la légitimité de la majorité tout en se réservant le droit de critiquer ou de suggérer d'autres solutions à sa politique.

Les droits de vote et d'éligibilité sont les clés de voûte de l'exercice démocratique de la souveraineté nationale « par le peuple et pour le peuple ».

Comment la vie démocratique s'exerce-t-elle par la vie politique ?

1 Les institutions nationales et européennes

A Le pouvoir législatif

Le pouvoir législatif appartient au Parlement, formé de l'Assemblée nationale (577 députés) et du Sénat (348 sénateurs). Les deux assemblées ont l'initiative des lois. Elles les votent dans les mêmes termes, après des débats.

B Le pouvoir exécutif

- Le pouvoir exécutif appartient au président de la République et au gouvernement.
- Le président de la République est élu directement par la nation pour cinq ans. Chef de l'État, il garantit l'indépendance nationale et l'intégrité du territoire. Il désigne le Premier ministre et préside le Conseil des ministres. Il peut dissoudre l'Assemblée nationale et consulter la nation par référendum. Il promulgue les lois.
- Le gouvernement, formé de ministres et de secrétaires d'État, est dirigé par le Premier ministre. Celui-ci, nommé par le Président, est issu de la majorité à l'Assemblée nationale. Il conduit la politique de la nation et dirige l'administration. Le gouvernement a l'initiative des lois et en soumet les projets au Parlement.

C Des pouvoirs liés

- Le gouvernement est responsable devant le Parlement. Il dialogue avec lui et peut être contraint à démissionner par le vote d'une motion de censure.
- La Ve République présente à la fois les caractéristiques d'un régime parlementaire et celles d'un régime présidentiel.

D Le Parlement européen

Le Parlement européen est élu au suffrage universel par les citoyens de l'UE. Il vote le budget de l'UE et il participe à l'élaboration des directives et règlements de la Commission européenne. Il élit le président de la Commission et peut la censurer. Il peut recevoir des pétitions des citoyens de l'UE.

2 Le pouvoir local

A Les collectivités territoriales

Les communes, les départements et les régions sont administrés par des conseils élus au suffrage universel direct : les conseils municipaux, généraux et régionaux. Ils ont un pouvoir réglementaire et disposent d'une administration (les fonctionnaires territoriaux) et d'un budget.

B La décentralisation

- La France est un État unitaire : les lois sont les mêmes sur tout le territoire. Pour une plus grande efficacité et une plus grande proximité des citoyens, les lois de décentralisation de 1982-1983 et de 2003 ont confié certains des pouvoirs de l'État aux collectivités territoriales.
- L'État leur a transféré certaines compétences dans les domaines de l'enseignement, des infrastructures de transport, de l'action sociale et de la culture.

3 La citoyenneté politique

A Les partis politiques

- Les partis politiques regroupent des citoyens qui ont des idées politiques communes exprimées dans un programme. Ils présentent des candidats aux élections afin d'exercer le pouvoir et de réaliser leur programme.
- Ils cherchent à obtenir le suffrage des électeurs et diffusent leur programme par les médias et par des actions menées par les adhérents et les militants (distribution de tracts, réunions).
- Nombreux et divers, ils attestent du pluralisme politique et animent le débat démocratique.

B Le citoyen, acteur de la démocratie

Dans une démocratie qui donne la primauté à l'intérêt général, le citoyen doit s'impliquer dans la vie politique en votant, en s'informant, en participant aux débats, en suggérant des réformes aux élus, en prenant des responsabilités dans la vie locale. Il peut infléchir les décisions des élus en exerçant ses droits de manifester et de signer des pétitions.

Tous les acteurs de la vie politique, citoyens et élus qui les représentent, contribuent à faire exister la démocratie.

LA VIE SOCIALE

Comment, dans le cadre du travail et dans la vie quotidienne, la démocratie sociale s'exerce-t-elle ?

1 La vie professionnelle

A Les syndicats

- Les syndicats sont des associations professionnelles qui défendent les droits et les intérêts des actifs. Sont membres d'un syndicat les adhérents qui ont acquitté une cotisation (8 % des actifs actuellement).
- Les salariés (83 % des actifs) des différentes branches professionnelles sont représentés par des syndicats qui sont regroupés en cinq syndicats interprofessionnels : la CGT (Confédération générale du travail), la CFDT (Confédération française démocratique du travail), FO (Force ouvrière), la CFTC (Confédération des travailleurs chrétiens) et la CGC (Confédération générale des cadres). Les employeurs sont représentés par des organisations patronales (le MEDEF ou Mouvement des entreprises de France). Les professions indépendantes ont leurs syndicats de médecins, de commerçants…
- Les partenaires sociaux, les syndicats interprofessionnels (reconnus comme représentatifs des salariés) et le patronat sont les interlocuteurs de l'État. Ensemble, ils font évoluer le droit du travail (temps de travail, retraite). Syndicats et patronat concluent aussi entre eux des conventions collectives qui fixent les mêmes conditions d'emploi des salariés pour chaque profession.
- Pour faire aboutir leurs revendications, les syndicats négocient, organisent des grèves ou des manifestations.

B Les élections professionnelles

- Dans les entreprises, par les élections des délégués du personnel et des membres du comité d'entreprise, les salariés sont représentés auprès de l'employeur. Ils veillent à l'application du droit du travail, font des suggestions sur l'organisation et la marche de l'entreprise.
- Les Conseils de prud'hommes, composés à part égale de conseillers élus par les salariés et par les employeurs, ont pour compétences de régler les litiges des droits du travail.

2 Le mouvement associatif

A Les associations

- Autorisées par la loi de 1901, les associations sont des groupes de personnes qui ont un projet commun. Elles sont formées d'adhérents et animées par des bénévoles qui s'impliquent dans les activités de l'association.
- Nombre d'entre elles sont des associations de proximité, dont les membres ont en commun un intérêt ou une passion : les loisirs, le sport, la culture.
- Des associations philanthropiques exercent la solidarité par des actions auprès de personnes démunies (Les restaurants du cœur).
- Les organisations non gouvernementales (ONG) ont pour objectif d'apporter une aide humanitaire à des populations en grandes difficultés (Médecins du monde, Action contre la faim).

B Les groupes de pression

- Les groupes de pression défendent une cause (l'environnement, le commerce équitable) ou un groupe (les consommateurs). Ils cherchent à sensibiliser l'opinion et à infléchir l'action politique par différentes actions : campagnes médiatiques, manifestations, pétitions, boycotts (de certains produits par exemple).
- D'autres groupes de pression, appelés lobbies, tentent d'influencer les dirigeants politiques pour défendre leurs propres intérêts (les professionnels du tabac opposés aux lois anti-tabac par exemple).
- Des groupes de pression défendent des valeurs : la tolérance (la Ligue contre le racisme et l'antisémitisme [LICRA], SOS racisme), l'égalité des droits pour les femmes. Les communautés religieuses et les communautés de pensée (Francs-maçons, libres penseurs) ont une forte audience auprès des hommes politiques.

La démocratie sociale se traduit par le droit d'association. Les citoyens l'exercent librement par une adhésion à un syndicat ou à une association.

L'OPINION PUBLIQUE ET LES MÉDIAS

Comment, par les médias et Internet, les droits d'information et d'expression s'exercent-ils ?

1 Les médias

A Le rôle et la diversité des médias

- Les médias, la presse écrite, la radio, la télévision et Internet sont des moyens de communication de l'information. Ils contribuent collectivement à l'exercice du droit à l'information.
- Le citoyen a le droit et le devoir de s'informer sur tout sujet politique, économique ou social. Les médias, libres et pluralistes, donnent au citoyen des informations de diverses sources. Celui-ci peut les confronter en exerçant son esprit critique et ainsi se forger sa propre opinion.

B Les devoirs des médias

- Les médias révèlent des faits, les analysent, les commentent et animent ainsi le débat démocratique. Ils exercent une forte influence sur l'opinion publique et disposent d'un véritable pouvoir. La radio et la télévision sont surveillées par le Conseil supérieur de l'audiovisuel (CSA) qui veille à l'équité entre les partis politiques.
- Les journalistes sont tenus de respecter les devoirs de leur profession (la déontologie) : indépendance d'esprit, vérification de la véracité des informations, respect de la vie privée. Ils doivent s'interdire toute désinformation (images manipulées ou virtuelles, interviews tronquées). Entre les médias, la concurrence est vive. Ils doivent éviter de surmédiatiser certains faits dans le but d'obtenir une forte audience, gage de contrats publicitaires rémunérateurs.

2 Les sondages d'opinion

A Une mesure de l'opinion publique

- L'opinion publique est l'ensemble des idées ou manières de penser d'une population en matière politique, économique, sociale. Elle est prise en compte par les dirigeants politiques et infléchit leurs décisions.
- Pour tenter de connaître l'opinion publique, des instituts organisent des sondages d'opinion. Environ 1 000 personnes

constituent un échantillon représentatif de la population (un panel) en proportion de sa structure par âge, sexe, lieu de résidence, activité. Le panel répond à des questions précises sur un sujet. Des calculs statistiques étendent les résultats à l'ensemble de la population.

B Les limites des sondages

- Les sondages d'opinion sont donc une image de l'opinion publique sur un sujet, à un moment donné. Ils ne remplacent en aucun cas les élections.
- Ils peuvent comporter une marge d'incertitude importante.
- Ils peuvent fausser le jeu démocratique en influençant fortement les citoyens.

3 Internet

A Les atouts d'Internet

- De plus en plus utilisées, les techniques de l'information et de la communication (TIC) donnent aux internautes une grande liberté pour s'informer. Ceux-ci peuvent recevoir une multitude d'informations, de différentes sources, à l'échelle planétaire et en temps réel.
- Ils participent directement au débat démocratique en s'exprimant sur des forums de discussions ou en organisant une mobilisation pour une cause (« Printemps arabe », Syrie).
- Le réseau est censuré dans les pays non démocratiques qui ne reconnaissent pas les libertés fondamentales.

B Les risques d'Internet

- Les informations diffusées par les médias sont décryptées par les journalistes. Celles qui proviennent d'Internet exigent de l'internaute davantage de réflexion et d'esprit critique.
- Il doit aussi exercer sa vigilance car les États ne peuvent pas contrôler le réseau à l'échelle mondiale ni interdire des sites qui bafouent la dignité de l'homme (racistes, pédophiles).
- En France, la Commission nationale informatique et liberté (CNIL) contrôle le droit au respect de la vie privée.

► L'exercice des doits d'information et d'expression individuels et collectifs sont une condition indispensable de la vie démocratique.

LA PAIX ET LA SÉCURITÉ COLLECTIVE

Comment maintenir et rétablir la paix dans le monde ?

1 Protéger la paix

A Les acteurs du maintien de la paix

• L'Organisation des Nations unies, créée en 1945, a pour but « le maintien de la paix » en veillant au respect du droit international. Presque tous les États du monde y adhèrent et siègent à l'Assemblée générale. Les membres permanents du Conseil de sécurité (États-Unis, Royaume-Uni, Russie, Chine et France) ont un droit de veto sur les résolutions.

• Des organisations régionales, comme l'OTAN, l'UE, l'Unité africaine ou la Ligue arabe, participent au maintien de la paix, ainsi que tous les États, par leur politique extérieure.

B Prévenir les conflits

• L'ONU contrôle le désarmement et l'interdiction des armes de destruction massive.

• Les différends entre États tentent d'être réglés par la négociation, la médiation (de son Secrétaire général Ban Ki-moon), et les jugements rendus par la Cour internationale de justice.

• Face à un État jugé menaçant, l'ONU peut décider un embargo.

C Mettre fin aux conflits

• La force d'interposition de l'ONU, les Casques bleus formés de contingents d'États membres de l'ONU, a pour mission de séparer les combattants et d'établir le cessez-le-feu. Ils secourent les populations et sécurisent des « couloirs » afin d'acheminer l'aide humanitaire (vivres, médicaments).

• Pour rétablir la paix, l'ONU peut envoyer une force d'intervention (au Koweït en 1990).

2 Les difficultés du maintien de la paix

A Un difficile consensus à l'ONU

Les résolutions du Conseil de sécurité sont ralenties par le droit de veto exercé par ses membres permanents aux intérêts souvent divergents (la question d'un soutien aux Syriens révoltés et massacrés par le régime en place).

B Le droit d'ingérence

- La plupart des conflits sont internes. L'ONU est partagée entre la responsabilité de protéger les populations et le principe de non-ingérence dans un État souverain. Elle exerce un droit d'ingérence humanitaire pour aider les populations et les réfugiés dans les zones de conflits (Kosovo, Soudan).
- En 2011, l'ONU s'est impliquée dans la guerre civile libyenne par un soutien aérien au peuple révolté.

C De nouvelles menaces

La menace des organisations terroristes clandestines pèse toujours, malgré l'intervention militaire autorisée par l'ONU en Afghanistan contre Al-Qaida en 2003.

3 La recherche de la sécurité collective

A Par la coopération

- La sécurité collective est liée à une indispensable solidarité entre tous les hommes. Par des institutions spécialisées, l'ONU aide les pays en développement dans les domaines de l'économie, de l'éducation, de la santé. Elle est secondée par des ONG humanitaires (Médecins sans frontières, Croix-Rouge).
- La solidarité mondiale s'exerce aussi dans les situations de catastrophes naturelles (sécheresse et famine, séisme).

B Par la défense des Droits de l'homme

- La Cour pénale internationale poursuit les auteurs de crimes de guerre, de crimes contre l'humanité et de génocides. Un Tribunal pénal international a été créé pour juger les auteurs de tels crimes au Rwanda et en ex-Yougoslavie.
- L'ONU œuvre à l'établissement de la démocratie par une assistance électorale (Soudan) ou par une intervention pour faire respecter le verdict des urnes (Côte d'Ivoire en 2011).

C Par la protection de la Terre

Sous l'égide de l'ONU, des conférences (Kyoto en 1997) tentent de résoudre les problèmes de l'environnement et du développement durable. Ceux-ci concernent le monde entier et peuvent générer des conflits d'intérêts déstabilisateurs de la paix.

▶ Le maintien de la paix et la sécurité collective doivent faire coexister deux valeurs parfois opposées : le bien commun et la souveraineté des États.

58

LA DÉFENSE ET L'ACTION INTERNATIONALE DE LA FRANCE

Comment la France organise-t-elle sa défense ?

1 Les missions de la Défense nationale

A La défense du territoire

• La Défense nationale a pour missions de préserver l'intégrité du territoire, de protéger la population et de garantir la souveraineté nationale.

• Depuis la fin de la guerre froide et malgré les guerres interethniques en ex-Yougoslavie, l'Europe est pacifiée et plus unie. La France n'a plus de menaces sur ses frontières.

B Le respect des traités et des engagements de la France

• Par des traités, la France s'est engagée dans des organisations internationales, l'ONU, l'OTAN et l'UE, qui prévoient une aide réciproque de leurs membres en cas d'agression.

• Avec l'ONU et l'OTAN, la France participe à des opérations de maintien de la paix (au Liban, au Kosovo) par l'envoi d'effectifs et par les actions de ses ONG.

• L'UE, par le traité de Maastricht (1992), a jeté les bases d'une Politique étrangère et de sécurité commune (PESC). La Politique de sécurité et de défense commune (PESDC) est le volet concret de la PESC avec la création d'un corps d'armée commun (l'Eurocorps).

• La France a signé des accords avec des pays d'Afrique francophone (Tchad, Côte d'Ivoire). « Gendarme de l'Afrique », elle coopère avec les armées locales au maintien de la paix.

2 Une Défense globale

A Les menaces et les risques actuels

• Certains États ne respectent pas les conventions de désarmement et sont soupçonnés de se doter d'armes de destruction massive.

• Le terrorisme international fait peser sur le monde une menace constante et générale.

• La piraterie (dans l'océan Indien) empêche la liberté des mers.

• Les risques majeurs, naturels ou provoqués par des erreurs humaines, mettent les populations en danger.

B Une nouvelle conception de la Défense

Face aux dangers multiformes, une Défense globale a été conçue, principalement dans les domaines militaire, civil, économique.

- La défense armée assure la Défense nationale et exécute les engagements internationaux de la France.
- La défense civile a pour mission la prévention contre les menaces (plan Vigipirate anti-terroriste), la sécurité contre les risques et les opérations de secours aux sinistrés (inondations, marées noires). L'armée participe de plus en plus à ces missions de protection civile.
- La défense économique veille à préserver les intérêts vitaux de la France (sécurité des approvisionnements, des transports) et à lutter contre l'espionnage industriel.
- La défense culturelle vise à protéger les valeurs républicaines et le patrimoine culturel : la langue et la culture, face à l'expansion de la culture anglo-saxonne. La défense de l'environnement participe à la protection de ce bien commun de l'humanité.

3 Une nouvelle organisation de l'armée

A Une armée de métier

Avec de nouvelles missions, l'armée doit être permanente, organisée en temps de paix et capable d'interventions hors du territoire national. En 1997, une réforme a mis en place une armée de professionnels, bien formés et bien équipés d'armes de haute technologie.

B Le parcours de citoyenneté

La conscription (service militaire obligatoire pour les hommes) a été supprimée et remplacée par le service national universel (garçons et filles). Il s'effectue par un « parcours de citoyenneté » en trois étapes : l'éducation à la citoyenneté durant la scolarité, le recensement à 16 ans et la Journée Défense et Citoyenneté (JDC) au cours de laquelle les jeunes sont informés sur les métiers de la Défense nationale et invités à prendre conscience que la défense est un élément de la citoyenneté et concerne chacun.

La Défense nationale s'est adaptée au contexte international, s'impliquant plus dans le maintien de la paix mondiale.

BILAN EXPRESS
LA CITOYENNETÉ DÉMOCRATIQUE

Vocabulaire

- **Les valeurs** de la République sont des idées reconnues comme vraies et justes par la société qui leur accorde un grand prix. Elles sont le fondement de l'organisation de la société.
- **Les principes** de la République sont les bases de l'organisation de la République. Ils sont énoncés dans le préambule de la Constitution de la Ve République : l'indivisibilité, la laïcité, la démocratie et la solidarité.
- **Les directives européennes** sont des lois communautaires. Elles fixent pour tous les États de l'UE des objectifs à atteindre. Ceux-ci disposent d'un délai nécessaire à la transposition du droit communautaire à leur propre législation.
- **Les règlements européens** sont des lois communautaires obligatoirement et directement applicables par tous les Etats de l'UE (la libre circulation des travailleurs par exemple).
- **Une résolution de l'ONU** est une décision votée par l'Assemblée générale ou par le Conseil de sécurité de l'Organisation des Nations unies. Son application est obligatoire pour tous les Etats membres de l'ONU.
- **L'embargo** est le fait d'empêcher un pays d'importer et/ou d'exporter des marchandises.
- **Le désarmement**

Les armes de destruction massive (nucléaires, chimiques, biologiques) sont conçues pour tuer un grand nombre de personnes.

Les armes à sous-munitions et **les mines antipersonnel,** qui frappent surtout les civils, ont été récemment interdites par l'ONU.

- **La Défense globale** est la défense conçue dans sa totalité. Elle comprend la Défense nationale contre une agression venue de l'extérieur, la protection de la population à l'intérieur des frontières, la défense de l'économie et aussi la défense de la culture et celle de l'environnement.

Les élections en France

Représentants	Élection des représentants	Mode de scrutin	Durée du mandat	Dernières élections
		Élections nationales		
Président de la République	Au suffrage universel direct par les citoyens français	Scrutin uninominal majoritaire à deux tours	5 ans	2012
Députés à l'Assemblée nationale	Au suffrage universel direct par les citoyens français	Scrutin uninominal majoritaire à deux tours	5 ans	2012
Sénateurs	Au suffrage universel indirect par un Collège électoral	Scrutin majoritaire ou proportionnel	6 ans	2008 et 2011
		Élections locales		
Conseillers municipaux	Au suffrage universel direct par les citoyens français et européens	Scrutin de liste (plurinominal) proportionnel à deux tours	6 ans	2008
Conseillers généraux*	Au suffrage universel direct par les citoyens français du département	Scrutin uninominal majoritaire à deux tours	6 ans	2008 et 2011
Conseillers régionaux*	Au suffrage universel direct par les citoyens français de la région	Scrutin de liste proportionnel à deux tours	6 ans	2010
		Élections européennes		
Eurodéputés	Au suffrage universel direct par les citoyens français et européens	Scrutin de liste proportionnel à un tour	5 ans	2009

* En 2014, les conseillers généraux et les conseillers régionaux seront remplacés par des conseillers territoriaux qui siègeront à la fois aux Conseils généraux et aux Conseils régionaux.

REPÈRES CHRONOLOGIQUES

1 ANTIQUITÉ

• **IIIe millénaire av. J.-C. :** Les premières civilisations. En Mésopotamie, en Égypte, en Chine et en Inde, les premières sociétés organisées apparaissent.

• **VIIIe siècle av. J.-C. :**
– Homère, poète grec, retrace les exploits des ancêtres des Grecs dans l'*Iliade* et l'*Odyssée*.
– La légende des origines de Rome raconte que la ville aurait été fondée en 753 av. J.-C. par Romulus et Rémus.
– Début de l'écriture de la Bible, le livre des textes sacrés qui fondent la religion monothéiste des Hébreux.

• **Ve siècle av. J.-C. :** Périclès dirige la cité d'Athènes à son apogée. La démocratie s'y exerce. Les lettres et les arts s'épanouissent.

• **52 av. J.-C. :** Après la victoire de Jules César à Alésia contre Vercingétorix, le chef de la résistance des Gaulois, toute la Gaule est conquise par les Romains.

• **Ier siècle :** Début du christianisme. Cette religion monothéiste, issue du judaïsme, est fondée sur l'enseignement de Jésus-Christ.

• **Ier et IIe siècles :** La « Paix romaine ». Les légions assurent l'ordre dans l'Empire romain qui connaît alors une période de grande prospérité.

2 MOYEN ÂGE

• **622 :** Mahomet, le fondateur de l'islam est chassé de La Mecque et s'enfuit à Médine. Cette fuite (Hégire) est le point de départ du calendrier musulman.

• **800 :** Défenseur de la papauté, Charlemagne est couronné empereur d'Occident par le pape.

• **Xe-XIIe siècles :** En Occident, les églises sont construites selon les caractéristiques de l'art roman (voûte en berceau, décoration sculptée).

• **1096-1099 :** La première croisade est l'expédition militaire lancée par la Papauté pour délivrer les Lieux Saints dont les Turcs s'étaient emparés.

• **XIIe-XVe siècles :** En Occident, les cathédrales sont construites selon les caractéristiques de l'art gothique (voûte en croisée d'ogives, vitraux).

3 TEMPS MODERNES

• **1492 :** Au cours de son premier voyage transatlantique, Christophe Colomb découvre l'Amérique.
• **XVe-XVIe siècles :** La Renaissance est un grand mouvement artistique et littéraire inspiré de l'Antiquité gréco-romaine.
• **1598 :** L'édit de Nantes met fin aux guerres de religion. Il accorde aux protestants la liberté de conscience et de culte en certains lieux.
• **1661-1715 :** Louis XIV établit son pouvoir personnel et met en place la monarchie absolue. Son château de Versailles est le reflet de l'art classique français.
• **Milieu du XVIIIe siècle :** *L'Encyclopédie*, écrite sous la direction de Diderot et de D'Alembert, est la somme des connaissances de l'époque. Elle diffuse les idées des Lumières.

4 ÉPOQUE CONTEMPORAINE (XVIIIe et XIXe siècles)

• **1789-1799 :** Révolution française :
- **14 juillet 1789 :** La prise de la Bastille est une insurrection des Parisiens contre le symbole de l'arbitraire royal.
- **Août 1789 :** La Déclaration des Droits de l'Homme et du Citoyen affirme que les Français ne sont plus sujets mais citoyens.
- **Septembre 1792 :** Proclamation de la Ire République (1792-1804).

• **1799-1815 :** Avec le Consulat, le général Bonaparte détient tous les pouvoirs. En 1804, il établit le Ier Empire et devient Napoléon Ier, empereur des Français.
• **1815 :** Au Congrès de Vienne, après les guerres de Napoléon, les grandes puissances établissent les nouvelles frontières de l'Europe.
• **1815-1848 :** Monarchie constitutionnelle ou Restauration avec les rois Louis XVIII et Charles X.
• **1848-1852 :** La Seconde République établit le suffrage universel masculin et abolit l'esclavage dans les colonies.
• **1852-1870 :** Second Empire (Napoléon III).
• **1870-1940 :** Troisième République.
• **1882 :** Jules Ferry rend l'école gratuite, laïque et obligatoire.
• **1894-1906 :** L'affaire Dreyfus, scandale judiciaire et politique, est la condamnation d'un officier français, israélite, accusé à tort d'espionnage au profit de l'Allemagne.

5 ÉPOQUE CONTEMPORAINE (XXe-début XXIe s.)

- **1905 :** En France, la loi de séparation des Églises et de l'État reconnaît la liberté de religion et de culte.
- **1914-1918 :** La Première Guerre mondiale est marquée par la violence de masse (Verdun, 1916). L'armistice, le 11 novembre 1918, met fin à la Grande Guerre.
- **1917 :** Révolution russe. Après la chute de la monarchie, les bolcheviks s'emparent du pouvoir.
- **1924-1953 :** Staline au pouvoir en URSS.
- **1933-1945 :** Hitler au pouvoir en Allemagne.
- **1936 :** La victoire électorale du Front populaire en France. Des lois sociales accordent de nouveaux droits aux salariés.
- **1939-1945 :** Seconde Guerre mondiale :

– **18 juin 1940 :** Appel du général de Gaulle. De Londres, il appelle à la résistance contre l'Occupation allemande.

– **1940-1944 :** Régime de Vichy (État français), régime autoritaire dirigé par le maréchal Pétain durant l'Occupation.

– **8 mai 1945 :** capitulation de l'Allemagne et fin de la guerre en Europe.

– **1944-1945 :** Libération de la France et rétablissement de la République (la IVe, en 1946). Les femmes acquièrent le droit de vote (1944) et la Sécurité sociale est créée (1945).

– **août 1945 :** fin de la guerre en Asie après l'envoi de deux bombes atomiques sur Hiroshima et Nagasaki.

- **1961-1989 :** Durant la guerre froide, le Mur de Berlin est construit (1961). Sa chute, en 1989, marque le début de l'effondrement du communisme en Europe et en URSS.
- **1947-1962 :** Principales phases de la décolonisation, en Asie puis en Afrique.
- **1957 :** Les traités de Rome créent la Communauté économique européenne (CEE) et la Communauté européenne de l'énergie atomique (CEEA).
- **1958-1969 :** Les années De Gaulle.
- **1958 :** fondation de la Ve République.
- **1981-1995 :** Les années Mitterrand.
- **1992 :** Le traité de Maastricht instaure l'Union européenne.
- **1995-2007 :** Les années Chirac.
- **2002 :** L'euro devient la monnaie européenne.

1 Le monde

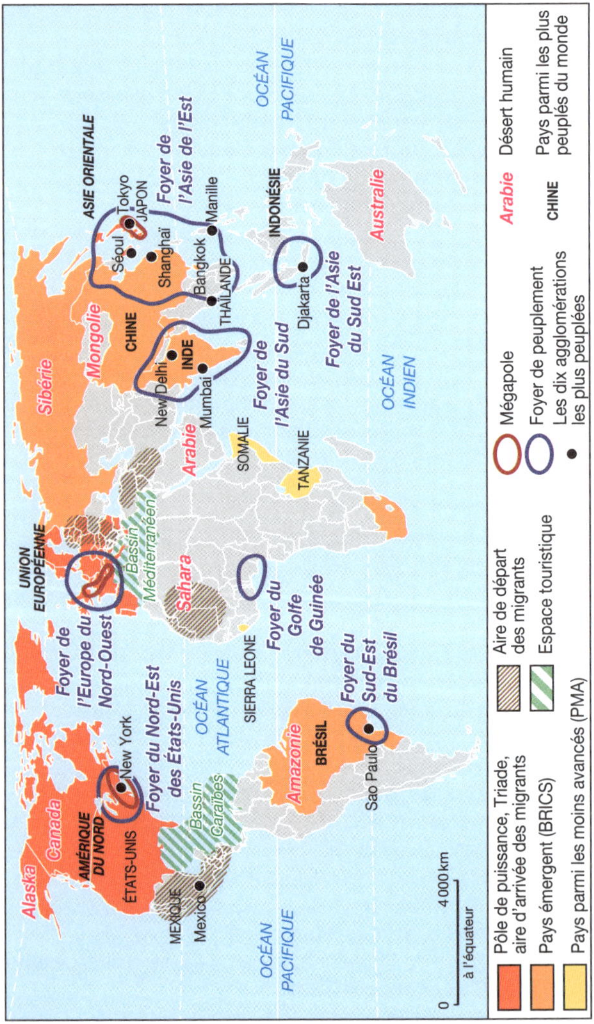
Alaska
Canada
AMÉRIQUE DU NORD
ÉTATS-UNIS
New York
Foyer du Nord-Est des États-Unis
MEXIQUE
Mexico
Bassin Caraïbes
OCÉAN PACIFIQUE
OCÉAN ATLANTIQUE
Amazonie
BRÉSIL
Sao Paulo
Foyer du Sud-Est du Brésil
SIERRA LEONE
Foyer du Golfe de Guinée
Foyer de l'Europe du Nord-Ouest
UNION EUROPÉENNE
Bassin Méditerranéen
Sahara
Sibérie
Mongolie
CHINE
Arabie
SOMALIE
TANZANIE
New Delhi
INDE
Mumbai
Foyer de l'Asie du Sud
OCÉAN INDIEN
Bangkok
THAÏLANDE
Djakarta
Foyer de l'Asie du Sud Est
INDONÉSIE
Séoul
Shanghai
Tokyo
JAPON
Manille
ASIE ORIENTALE
Foyer de l'Asie de l'Est
OCÉAN PACIFIQUE
Australie
0
4 000 km
à l'équateur
Pôle de puissance, Triade, aire d'arrivée des migrants
Pays émergent (BRICS)
Pays parmi les moins avancés (PMA)
Aire de départ des migrants
Espace touristique
Mégapole
Foyer de peuplement
Les dix agglomérations les plus peuplées
Arabie Désert humain
CHINE Pays parmi les plus peuplés du monde

REPÈRES GÉOGRAPHIQUES (SUITE)

2 L'Europe

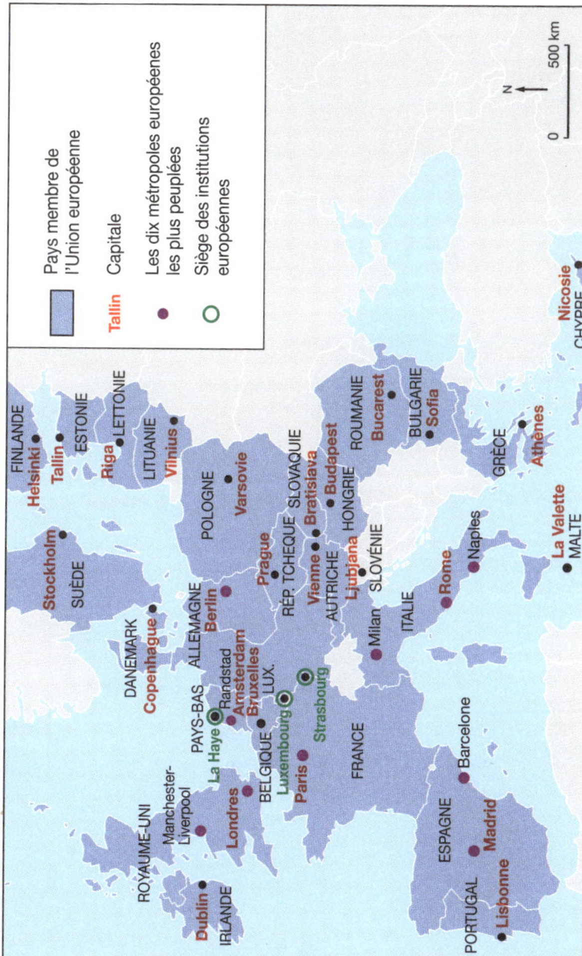

3 La France

LIMOUSIN	Régions
●	Les dix plus grandes aires urbaines

IMPRIM'VERT®

Achevé d'imprimer en France par I.M.E. - 25110 Baume-les-Dames
Dépôt légal n° 96238-7/02 - mars 2013